Zauber der
orientalischen
Küche

ARTO DER HAROUTUNIAN

Zauber der orientalischen Küche

130 Rezepte aus dem Reich der Düfte und Aromen

Herausgegeben und aus
dem Englischen übersetzt von Monika Sattrasai

Mit Fotos von Barbara Lutterbeck und
Gérard Degeorge

Die Text- und Rezeptauswahl für dieses Buch
basiert auf den englischsprachigen Werken
Middle Eastern Cookery von Arto der Haroutunian
und *Vegetarian Dishes from the Middle East*,
ebenfalls von Arto der Haroutunian.
Die Originalausgaben der Werke erschienen im
Verlag Grub Street, London, England.
Text © Arto der Haroutunian 2008

Der Verlag dankt dem Hirmer Verlag, München,
für die großzügige Bereitstellung des Werkes
von Dominique Clévenot und Gérard Degeorge
Das Ornament in der Baukunst des Islam,
München 2000, aus dem die kunsthistorischen
Abbildungen für dieses Buch entnommen werden
konnten.

Copyright © 2010 by Edition Styria
in der Verlagsgruppe Styria GmbH & Co KG
Wien · Graz · Klagenfurt
www.ichlese.de

Alle Rechte der Verbreitung, auch durch Film, Funk
und Fernsehen, fotomechanische Wiedergabe,
Tonträger jeder Art, auszugsweisen Nachdruck oder
Einspeicherung und Rückgewinnung in Informationssystemen aller Art, sind vorbehalten.

Visuelle Gesamtkonzeption:
www.buero-jorge-schmidt.de
Satz und Layout: Carmen Marchwinski

Bildnachweis:
Umschlagvorderseite: Jean-Bernard Naudin
*Seite 8, 40, 56, 70, 86, 96, 114, 128, 146, 168, 182
sowie die einzelnen Miniaturen:* Gérard Degeorge
Alle übrigen Fotos: Barbara Lutterbeck

Druck und Bindung: Printer Trento

Printed in Italy

ISBN 978-3-99011-019-5

inhalt

9
mezze

41
suppen * eintöpfe

57
salat

71
gemüse

87
eierspeisen

97
fisch

115
geflügel

129
fleisch

147
reis * nudeln

169
brot

183
desserts * getränke

vorwort

Arto der Haroutunian hat uns mit seiner einzigartigen Sammlung von mehreren Tausend authentischen Rezepten aus der facettenreichen, schillernden Welt des Mittleren Ostens einen reichen Schatz hinterlassen. Für dieses Buch haben wir daraus eine repräsentative Auswahl getroffen. Köstliche Gerichte aus dem Reich der Düfte und Aromen – von Syrien bis nach Armenien, vom Iran bis in die Türkei, vom Kaukasus bis nach Ägypten, von Anatolien bis zur Arabischen Halbinsel … und auch von Mesopotamien bis nach Persien, von Babylonien bis zum Osmanischen Reich. Denn mit seinem Werk durchschreitet Arto der Haroutunian Zeit und Raum – und zeigt auf, dass die vielen Ethnien des Orients, so unterschiedlich sie sind, eine wichtige gemeinsame Wurzel haben: die Kultur des Kochens.

Somit schenkt uns der Autor mit seiner Sammlung weit mehr als eine Auflistung von Zutaten und Anleitungen. Bei den meisten Gerichten finden wir, kurz, prägnant und stellenweise mit Sprichwörtern oder Anekdoten gewürzt, Hinweise auf die Herkunft und Geschichte einer Speise. Deshalb hat auch jedes Gericht seinen charakteristischen Namen, mal arabisch, mal türkisch, mal syrisch oder armenisch.

Arto der Haroutunian – ein »kosmopolitischer Orientale« par excellence – verbrachte seine Kindheit in Nordsyrien, sein Vater war türkischer, seine Mutter armenischer Abstammung. Das erklärt, warum sich der Autor oft für armenische Rezeptnamen entschied, obwohl das Gericht zum Beispiel auch einen arabischen hat.

Nun aber: Ein Kochbuch ist ein Kochbuch ist ein Kochbuch. »Zauber der orientalischen Küche« bietet eine Fülle besonders verführerischer Rezepte und Gerichte, die in jedem westeuropäischen Haushalt leicht nachzukochen sind. Schritt für Schritt erklärt der Autor klar und einfach, wie was in welcher Reihenfolge zu tun ist. Bei außergewöhnlichen Zutaten erfahren wir außerdem, was es ist, wo man es bekommt und wie man es adäquat behandelt. Das Ergebnis ist ein Traum, mit dem Sie Ihre Familie und Ihre Gäste verzaubern werden.

Aus westeuropäischer Sicht vorab noch ein paar praktische Hinweise:

♦ Einige besondere Zutaten kommen in vielen verschiedenen Rezepten vor. Dazu gehört Ghee (Butterfett). Verwenden Sie einfach Butterschmalz.
♦ Zitronenschale, Orangenzesten und so weiter: Damit sind immer unbehandelte Früchte gemeint, auch wenn nicht explizit »bio« beim Rezept steht.
♦ Getrocknete Kräuter: Wenn es die Jahreszeit erlaubt, nehmen Sie lieber frische und verdoppeln Sie einfach die angegebene Menge.
♦ »Pfeffer« bedeutet immer: frisch aus der Mühle. Werden ganze Körner oder Samen verlangt, so heißt es »Pfefferkörner« oder »Sesamsamen«. Bei anderen Gewürzen mit dem Zusatz »gemahlen« ist es das Beste, Sie tun dies unmittelbar vor der Zubereitung selbst. Zum Beispiel, indem Sie Kardamom, Kreuzkümmel oder Koriander einfach im Mörser zerstoßen. Heißt es aber »gemahlener Zimt« oder einfach nur »Curry«, »Paprika« …, so sind dies Gewürze, die man bereits gemahlen kaufen muss. Muskat wird selbstverständlich frisch gerieben, auch wenn das nicht extra vermerkt ist.

Die meisten außergewöhnlichen Zutaten erhalten Sie ohne Weiteres beim nächsten türkischen oder griechischen Lebensmittellädchen um die Ecke. Auch Asialäden sind eine Fundgrube für Rosen- und Orangenblütenwasser, Safranfäden oder frische Kurkuma.

Und zum guten Schluss: Wenn nicht anders angegeben, sind die Zutaten für vier Personen berechnet.

Nun laden wir Sie ein, die wunderbare orientalische Küche und die Welt der Düfte und Aromen selbst zu entdecken. Und geben Ihnen ein arabisches Sprichwort mit auf den Weg, das Arto der Haroutunian in einem seiner Werke als allerersten Satz zitiert:

»Willst du eine Aubergine frittieren, dann gehe es sanft an. Bitte sie erst um Erlaubnis, und dann danke Gott.« ଓଃ

Monika Sattrasai

Mezze

ೞಬ

Mezze sind der ganze Ruhm der syrisch-libanesischen Küche. An keinem Ort der Welt wird eine so reiche Palette an Appetithäppchen dargeboten wie in den kleinen Restaurants am Fuß des Mount Lebanon: warme und kalte Köstlichkeiten aus Gemüse, Hülsenfrüchten, Bulgur, Sesam, Nüssen und Früchten, stets kombiniert mit fruchtigen Dips – eine Sinfonie aus Farben, Formen und Aromen.

Diese Gaumenfreuden gehen auf die Lebensweise und Tradition der Nomaden zurück. Jahrhundertelang durchquerten sie Wüsten und Gebirge, ausgerüstet mit kleinen Ledertaschen, in denen sie Getreide, Reis, Linsen, Trockenfrüchte, Nüsse und anderes Haltbares mit sich führten und zu Speisen machten, die sie mit eingelegten Gemüsen, Oliven und Kräutern sowie stattlichen Mengen an frisch gebackenem Brot verzehrten. In den Oasen wurde zusätzlich aufgetragen, was dort verfügbar war – frische Früchte, Käse, gebratenes Fleisch oder Fleischbällchen. Dann saß man beisammen, und jeder nahm sich einen Bissen hiervon, ein Häppchen davon. So ernährten sich die Beduinen zwar einfach, aber ausgewogen.

Mezze kann man als Vorspeisen, als Beilagen oder – mit frischem Fladen- oder Pitabrot – als eigenständiges Gericht auf den Tisch bringen. Ganz hervorragend eignen sie sich auch für ein Büffet. Es gibt keine strengen Regeln, nach denen Mezze verspeist werden – mit anderen Worten: Greifen Sie zu und genießen Sie, wann und wie immer Sie mögen.

< *Detail der Außenverkleidung am Taj Mahal (1631–1643), die »Krone des Palastes«, südlich von Delhi in Indien gelegen, das berühmteste Grabmal der Welt.*

tabouleh
Bulgursalat

Grundlage dieses Gerichts mit dem leicht »erdigen« Duft ist Weizen- bzw. Hartweizengrieß (Bulgur) und Gemüse. In Syrien, am Jordan und im Libanon ist Tabouleh ganz besonders beliebt – ein geschmackliches wie optisches Highlight unter den Mezze. Wie eine Pyramide wird der Bulgursalat auf einer großen Platte aufgetürmt und mit Tomaten, schwarzen Oliven, eingelegten Gürkchen, Petersilie, Streifen von roter und grüner Paprika und Granatapfelkernen reich verziert.
Tabouleh gibt es in unterschiedlichsten Variationen, oft mit sehr viel mehr Petersilie als im folgenden Rezept aus dem Libanon.

ഈൟ

75 g fein geschroteter Bulgur
1 Salatgurke, geschält und fein gewürfelt
4 Tomaten, fein gewürfelt
1 grüne Paprika, entkernt und fein gewürfelt
1/2 Zwiebel, fein gehackt
4 EL frische Petersilie, fein gehackt
2 EL getrocknete oder frische Minze, fein gehackt
1 TL Salz
Saft von 2–3 Zitronen
4 EL Olivenöl

Zum Garnieren
Romana-Salatblätter

Den Bulgur in einer großen Schüssel mehrmals in kaltem Wasser waschen und abgießen, bis das Wasser klar ist. Den Bulgur gut ausdrücken. Die klein geschnittenen Gemüse, Petersilie und Minze sorgfältig untermischen. Salz, Zitronensaft und Olivenöl miteinander verrühren, dann gut unter den Bulgur mischen. 15 Minuten ruhen lassen, danach abschmecken und eventuell nachwürzen.

◆

Eine große Servierplatte am äußeren Rand rundum mit Romana-Salatblättern (gewaschen, geputzt) belegen und den Bulgursalat in der Mitte pyramidenförmig aufhäufen.

◆

Das Tabouleh isst man am besten, indem man eine kleine Portion mit einem Romana-Blatt oder mit Pitabrot aufnimmt.

hab-el-jose
walnuss-sesam-bällchen

Bis ins alte Byzanz zurück reicht der Ruhm dieses köstlichen Gerichts. Es stammt ursprünglich aus Antiochia, das neben Alexandria, Rom und Konstantinopel eine der glanzvollsten Städte vergangener Zeiten war und mit mehreren Hunderttausend Einwohnern zu den vier größten Metropolen der Antike überhaupt zählte. Antiochia erstreckte sich viel weiter als das heutige Antakya in der Südtürkei. So ist der Lauf der Welt …, doch das Rezept aus der Kreuzritterzeit ist bis heute lebendig geblieben.

ಐಶ

150 g Walnüsse, fein gemahlen
50 g Semmelbrösel
1/2 TL Kreuzkümmel
etwas Tahina (Sesampaste)
1/2 TL Cayennepfeffer
Salz
etwas Olivenöl zum Einfetten
50 g Sesamsamen

Zum Garnieren
etwas Paprika

ಐಶ

Gemahlene Walnüsse, Semmelbrösel und Kreuzkümmel in einer Schüssel miteinander vermischen. Dann so viel Tahina unterrühren, bis die Mischung weich und cremig wird. Mit Cayennepfeffer und Salz würzen.

♦

Die Hände mit Olivenöl einfetten, jeweils eine kleine Menge der Creme entnehmen und zu walnussgroßen Bällchen formen. Die Sesamsamen auf einen großen Teller streuen und die Walnussbällchen darin rundherum wenden.

♦

Auf einer großen Servierplatte auslegen, in jedes Bällchen einen Cocktailspieß stecken, mit Paprika bestreut servieren.

hummus-bi-tahina
Kichererbsenpüree

Dieser traditionelle Dip – ein Muss auf jeder Mezze-Tafel – ist eines der populärsten Gerichte Syriens und inzwischen auch bei uns sehr beliebt. Man reicht ihn zu Pitabrot oder zu Fladenbroten.

Für 8–10 Portionen
450 g Kichererbsen, über Nacht in kaltem Wasser eingeweicht
3 Knoblauchzehen, geschält
300 g Tahina (Sesampaste)
1 TL getrockneter Chili
3 TL Salz
2 TL Kreuzkümmel
Saft von 2 Zitronen

Zum Garnieren
Paprika, Kreuzkümmel, Olivenöl, Zitronensaft und gehackte Petersilie

Die eingeweichten Kichererbsen mit kaltem Wasser abspülen. Einen großen Topf zu zwei Dritteln mit kaltem Wasser füllen. Die Kichererbsen hineingeben, zum Kochen bringen, dann bei niedriger Hitze weich garen. Dabei ab und zu den Schaum abschöpfen und, falls nötig, kochendes Wasser nachgießen. Die Kichererbsen in einem Sieb gründlich unter kaltem fließendem Wasser abspülen. Für die Garnitur 2–3 Esslöffel Kichererbsen beiseite stellen.

♦

Die restlichen Kichererbsen zusammen mit den Knoblauchzehen im Mixer pürieren, gegebenenfalls etwas Wasser zufügen, aber nicht zu viel, denn es soll eine dickliche Paste entstehen. Das Kichererbsenpüree in eine Schüssel füllen und mit Sesampaste, Chili, Salz, Kreuzkümmel und Zitronensaft gut vermischen. Abschmecken und gegebenenfalls nachwürzen.

♦

Zum Servieren das Püree entweder in kleine Schälchen oder in eine große Schüssel füllen. Mit dem Rücken eines Suppenlöffels in die Mitte eine Mulde drücken, dort hinein etwas Olivenöl und Zitronensaft gießen. Das Püree von der Mitte aus bis zum Rand in einzelnen Bahnen sternenförmig abwechselnd mit Paprika und Kreuzkümmel bestreuen, zuletzt mit gehackter Petersilie und den beiseite gelegten Kichererbsen verzieren.

Falafel
Kichererbsenbällchen

Ein ägyptischer Klassiker, der bis in die Zeit der Pharaonen zurückreicht. Sozusagen die »Burger« Ägyptens, werden Kichererbsenbällchen nicht nur dort, sondern auch in Syrien, im Libanon und in Israel als »Fastfood« verkauft. Man packt sie mit Salat, Pickles und etwas Tahina-Sauce in heißes Pitabrot.
In manchen Orient-Läden gibt es Falafel-Fertigmischungen zu kaufen, die man allerdings noch etwas nachwürzen sollte: zum Beispiel mit 1/2 Teelöffel Kreuzkümmel, 1 Esslöffel fein gehackter Petersilie, 1 zerdrückten Knoblauchzehe und 1 Teelöffel Koriander.
Es gibt auch Variationen mit eingeweichten weißen Bohnen (Libanon), hier werden die Kichererbsen entweder zur Hälfte oder sogar ganz durch die Bohnen ersetzt. In diesem Fall verwendet man bereits geschälte weiße getrocknete Bohnen, die 24 Stunden eingeweicht werden.
Das folgende Rezept aus Ägypten verwendet nur Kichererbsen. Unter den ägyptischen Kopten ist Falafel eher unter dem Namen Tameya bekannt; in der fleischlosen Fastenzeit schenken sie es ihren nicht-koptischen Freunden als eine Geste der Buße.

Für 8–10 Portionen

**450 g Kichererbsen, über Nacht in kaltem Wasser eingeweicht und anschließend
in 75 ml Wasser weich gekocht
1 Ei, leicht verquirlt
1 TL Salz | 1/2 TL schwarzer Pfeffer | 1/2 TL Kurkuma
2 EL Petersilie oder Koriandergrün, fein gehackt
1/2 TL gemahlener Koriander | 1/2 TL Cayennepfeffer
1 Knoblauchzehe, zerdrückt
1 EL Tahina (Sesampaste) oder Olivenöl
50 g frische Weißbrotbrösel | 50 g Mehl
reichlich Öl zum Frittieren**

Die Kichererbsen zweimal durch den Fleischwolf drehen oder mit dem Pürierstab zerkleinern und in eine große Schüssel füllen. Alle anderen Zutaten außer Mehl und Frittieröl untermischen und zu einem glatten, festen Teig verkneten.

♦

Daraus 2,5 cm dicke Bällchen formen und diese mit den Handballen leicht flach drücken (ähnlich wie Frikadellen). Im Mehl wenden.

♦

Nach und nach im heißen Öl immer nur wenige Bällchen auf einmal etwa 3 Minuten gleichmäßig braun ausbacken. Mit dem Schaumlöffel herausheben, auf Küchenpapier abtropfen lassen und heiß mit Pitabrot und Salat servieren.

avocado im egozim
avacodo mit walnüssen

Ein junges Rezept aus einem jungen Land – Israel – und doch so typisch für den gesamten Mittleren Osten. Es waren jüdische Siedler, die Avocados erstmals in die Region einführten. Seitdem wurden hier etliche aufregende Avocado-Gerichte kreiert.
Ein köstlich erfrischender erster Gang. Reichen Sie Pitabrot dazu.

Fruchtfleisch von 1 großen reifen Avocado
2 EL Zitronensaft
1 kleine Zwiebel, fein gehackt
3 Gewürzgürkchen, in feine Scheiben geschnitten
1 Stange Staudensellerie, fein gehackt
75 g Walnüsse, geviertelt
1 TL Salz
1/2 TL schwarzer Pfeffer
1/2 TL Kreuzkümmel, gemahlen

Zum Garnieren
1/2 kleine rote Paprika, in schmale Streifen geschnitten
25 g schwarze Oliven ohne Stein

Das Avocado-Fruchtfleisch in Würfel schneiden, in einer Schüssel mit dem Zitronensaft beträufeln. Zwiebeln, Gürkchen, Sellerie und Walnüsse locker untermischen. Mit Salz, Pfeffer und Kreuzkümmel würzen, nur durch Schütteln vorsichtig vermischen und 30 Minuten kühl stellen.

♦

Vor dem Servieren mit roter Paprika und Oliven garnieren.

el-ful
Ägyptische braune Bohnen

El-ful, ein bedeutendes ägyptisches Nationalgericht, wird oft zum Frühstück gereicht.
Um einen Besuch besonders zu ehren, schickt der Gastgeber sofort jemanden zum nächstgelegenen
Lädchen oder Restaurant, um Ful zu besorgen. Es wäre eine grobe Beleidigung,
würde der Gast ablehnen, davon zu essen.
Quer durch alle Schichten schätzen die Ägypter ihr El-ful unendlich hoch. Die braunen
dicken Saubohnen werden bei kleinster Hitze sehr langsam gekocht, und zwar in speziellen Töpfen, die
oben zu einem engen Hals (Idra) zulaufen. So kocht nichts über und brennt auch nichts an, denn der
Wasserdampf setzt sich am zulaufenden Topfrand ab und tropft dann wieder nach unten.
Ägyptische und zypriotische Ful sind auch in Dosen erhältlich, etwa unter dem Namen Ful-Medames oder
Ful Mudammas. Es ist aber ganz einfach, das Gericht mit getrockneten braunen Bohnen
selbst zu kochen.
Damit die Speise mehr sättigt, essen Ägypter und Sudanesen gerne hart gekochte Eier – Hamine – dazu.
In Alexandria verfeinert man die Bohnen mit einer Tomaten-Knoblauch-Sauce.
In jedem Fall gehört Pitabrot dazu.

Für 4 Portionen

700 g Saubohnen (Puffbohnen, dicke Bohnen), über Nacht eingeweicht und abgetropft
3 Knoblauchzehen, zerdrückt
2 EL Olivenöl
Saft von 2 Zitronen
1 TL Salz
1/2 TL schwarzer Pfeffer
4 hart gekochte Eier, geschält
2 EL Petersilie, fein gehackt

Die Bohnen in einen ofenfesten Topf füllen und mit Wasser bedecken.
Zum Kochen bringen, dann im vorgeheizten Backofen bei 120 °C (Gas Stufe 1–2) 4–7 Stunden lang garen.
Die Garzeit hängt von der Qualität der Bohnen ab – die Schale darf noch etwas Biss haben, sie sollte auf
keinen Fall aufbrechen, und innen müssen die Bohnen weich sein.

♦

Die Bohnen abtropfen lassen. Knoblauch, Olivenöl, Zitronensaft, Salz und Pfeffer unterrühren.
Die Mischung auf vier Suppenteller verteilen, je ein Ei in die Mitte setzen und das Ganze großzügig
mit Petersilie bestreuen. Sofort heiß servieren.

salat chatzilim
Auberginenpüree

2 Auberginen
50 ml Mayonnaise
2 hart gekochte Eier, fein gehackt
1 EL Petersilie, fein gehackt
2 EL Zwiebeln, fein gehackt
1 große Knoblauchzehe, zerdrückt
2 EL Olivenöl
2 EL Zitronensaft
1 TL Salz
1/2 TL schwarzer Pfeffer

Zum Garnieren
1 grüne Paprika, in schmale Streifen geschnitten
1 Zitrone, in Spalten geschnitten
3 Tomaten, geviertelt
2 Frühlingszwiebeln,
schräg in Stücke geschnitten

Jede Aubergine zwei- bis dreimal mit einem scharfen Messer einritzen und auf dem Grill oder im heißen Backofen so lange garen, bis die Schale schwarz wird und das Fruchtfleisch auf Fingerdruck nachgibt. Etwas abkühlen lassen. Sobald man die Frucht anfassen kann, alles Fruchtfleisch aus der Schale kratzen. Das Fruchtfleisch klein hacken und schließlich pürieren.

♦

Das Auberginenpüree in eine Salatschüssel füllen und die restlichen Zutaten (bis auf die Garnitur) sorgfältig untermischen. Zwei bis drei Stunden kühl stellen.

♦

Zum Anrichten das Auberginenpüree in die Mitte eines großen Tellers häufen und mit Paprikastreifen hübsch verzieren. Zuletzt die Zitronenspalten, Tomatenviertel und Frühlingszwiebeln dekorativ außen herum drapieren.

çerkez tavuğu
tscherkessischer hühnchensalat

Fast alle Gerichte mit Walnusssauce stammen ursprünglich aus dem Kaukasus, inklusive der »türkischen« Tarator-Saucen. Der folgende Hühnchensalat, eine großartige georgische Spezialität, fand seinen Weg in die Türkei vermutlich mit den hübschen tscherkessischen Mädchen, die jahrhundertelang wegen ihrer weißen Haut, ihrem hellen Haar und ihrer Geschicklichkeit in die Harems der Sultane verkauft wurden. Dieses Gericht kann als Vorspeise kalt oder als Hauptspeise warm serviert werden.

෨ඏ

1 Hähnchen von ca. 1,3 kg, in 4 Stücke zerteilt
1 Zwiebel, grob gehackt
1 Karotte, geputzt und in Scheiben geschnitten
175 g Walnüsse
2 dicke Scheiben Weißbrot
1 TL Salz
1/2 TL schwarzer Pfeffer

Zum Garnieren
1 EL Olivenöl
1 TL Paprika
1 EL Petersilie und/oder Estragon, fein gehackt

෨ඏ

Das zerteilte Huhn in einen großen Topf geben und mit Wasser bedecken. Zwiebeln, Karotten und eine gute Prise Salz zufügen und zum Kochen bringen. Die Hitze reduzieren und alles etwa 45 Minuten köcheln lassen, bis das Fleisch zart ist. Aus der Brühe heben und das Fleisch von den Knochen lösen.

♦

Die Knochen zurück zur Brühe geben und weiterkochen.

♦

Das Hühnchenfleisch in ca. 5 cm lange und 1,5 cm dicke Stücke schneiden.
Die Walnüsse zusammen mit den Semmelbröseln in der Küchenmühle fein mahlen und in einen zweiten Topf geben. Langsam etwas Brühe unterrühren, bis eine cremige Paste entsteht. Mit Salz und Pfeffer würzen. Falls die Sauce zu dünn wird, kann man sie auf kleiner Hitze langsam eindicken lassen.

♦

Die Hühnchenstücke in die Mitte einer Platte legen und die Sauce darauf verteilen. Beiseite stellen und abkühlen lassen. Paprika und Öl in einem Schälchen verrühren. Die Öl-Paprika-Mischung erst kurz vor dem Servieren darauf verteilen, zuletzt mit Petersilie und/oder Estragon garnieren.

kibbeh naya
Bulgur mit Lammhack und Pinienkernen

50 g fein geschroteter Bulgur
1 gestrichener TL Salz
1/2 TL schwarzer Pfeffer
100 g sehr mageres Lamm-Hackleisch
1 EL Zwiebeln, sehr fein gehackt
1 EL Olivenöl
1 Prise Chilipulver
1 TL Pinienkerne

Zum Garnieren
1 Schüssel Romana-Salatblätter
1 Zwiebel, geviertelt

Den Bulgur in einer Schüssel klarspülen, das Wasser sorgfältig abgießen. In einer großen Schüssel oder auf Backpapier den Bulgur mit Salz und Pfeffer würzen und 5 Minuten durchkneten, dabei die Hände öfter in warmes Wasser tauchen.

♦

Lammhack und Zwiebeln hinzufügen und weitere 5–10 Minuten zu einem glatten Teig kneten. Die Kibbehmischung dann auf einem großen Teller ausbreiten und in die Mitte eine kleine Mulde drücken. Das Olivenöl in die Mulde gießen und alles mit etwas Chilipulver überstäuben. Zuletzt die Pinienkerne darüberstreuen und zu den Salatblättern und Zwiebeln servieren.

kharapaki lobi
Grüne Bohnen in Joghurt-Tomaten-Sauce

Eine armenische Spezialität aus dem Kaukasus, die oft mit Sauerrahm (Smetana) zubereitet wird, doch Joghurt ist eine gute Alternative. Es ist eine köstliche Vorspeise, kann aber auch als Beilagensalat gereicht werden.

❧

450 g grüne Bohnen (Brechbohnen)
50 g Butter
1 Zwiebel, in feine Scheiben geschnitten
1 grüne Paprika, entkernt und in schmale Streifen geschnitten
3 Tomaten, blanchiert, gehäutet und grob gehackt
1 1/2 TL getrocknetes Basilikum
1 Ei
300 g Joghurt oder Smetana (Sauerrahm)
1 TL Salz
1/2 TL schwarzer Pfeffer

Zum Garnieren
1 EL Petersilie oder Estragon, fein gehackt

❧

Einen großen Topf zur Hälfte mit Wasser füllen und mit 1 Teelöffel Salz zum Kochen bringen. Die Bohnen 8–10 Minuten sprudelnd kochen, bis sie knapp gar sind. In einem Sieb abtropfen lassen, mit kaltem Wasser abschrecken und beiseite stellen.

♦

Die Butter in einem großen Topf zerlassen. Zwiebeln und Paprika zufügen und unter ständigem Rühren weich dünsten. Tomaten und Basilikum zugeben und unter öfterem Umrühren weitere 5 Minuten köcheln lassen.

♦

Die Bohnen untermischen und nochmals 5 Minuten köcheln lassen. Inzwischen Joghurt oder Sauerrahm mit dem Ei verquirlen und mit Salz und Pfeffer würzen. Die Joghurt-Mischung unter das Gemüse rühren. Kurz erhitzen und sofort mit Petersilie oder Estragon garniert servieren.

gaghamp shoushmayov
kohlsalat mit sesam und walnüssen

Zitronig-säuerlich schmeckt Sumach, der dieser armenischen Vorspeise ihr besonderes Aroma verleiht. Sumachpulver gibt es inzwischen nicht nur in orientalischen, sondern auch in europäischen Lebensmittelläden.

☙❧

1 kleiner Weißkohlkopf
50 g Walnüsse, fein gehackt
2 EL Sesamsamen
1 Knoblauchzehe, fein gehackt
1 TL Salz
1 EL Sumach

☙❧

Den Kohlkopf waschen, vierteln und in einen Topf mit leicht gesalzenem kochendem Wasser geben. Garen, bis das Gemüse bissfest ist, abtropfen und abkühlen lassen.

♦

Erst jetzt den Strunk entfernen und die Kohlviertel in feine Scheiben hobeln. In einer Salatschüssel mit Walnüssen, Sesamsamen, Knoblauch, Salz und Sumach sorgfältig vermischen. Vor dem Servieren zwei bis drei Stunden kühl stellen und gut durchziehen lassen.

♦

Mit warmem Brot (zum Beispiel Pitabrot) servieren.

betingan makdous
auberginen in olivenöl

Diese syrisch-libanesische Spezialität aus in Öl eingelegten Auberginenscheiben ist eine fantastische Vorspeise. Man muss aber drei Wochen warten, bis man sie endlich verspeisen kann.

❧☙

12 kleine Auberginen (oder mehr)
5–6 EL Walnüsse, grob gehackt | 2 TL Salz | 2 TL Paprika
4 Zitronen, in dicke Scheiben geschnitten
Olivenöl

❧☙

Die Auberginen in kochendes Wasser geben, 10 Minuten köcheln, dann abtropfen lassen und trocken tupfen. Zum Füllen jede Aubergine der Länge nach mit einem scharfen Messer einschlitzen.

♦

Die Walnüsse mit Salz und Paprika vermengen. Davon je 1 Teelöffel in jede Aubergine füllen und dazu jeweils 1 Zitronenscheibe in den Schlitz stecken.

♦

Die Auberginen in große, sterile Einmachgläser legen, vollständig mit Olivenöl bedecken und fest verschließen. Mindestens 3 Wochen ruhen lassen, damit sich das Aroma voll entfaltet.

lemoun makdous
zitronen in olivenöl

❧☙

20 Zitronen, geschält und in Scheiben geschnitten
6 TL Salz
2–3 TL Paprika | Olivenöl

❧☙

Die Zitronenscheiben mit dem Salz bestreuen, in ein Sieb geben und über Nacht abtropfen lassen. Die Zitronenscheiben lagenweise in sterile Einmachgläser füllen, jede Lage mit etwas Paprika bestreuen. Vollständig mit Olivenöl bedecken, die Gläser fest verschließen und 3–4 Wochen stehen lassen.

torshi-ye hafte-bijar
Eingelegte Kräuter

Ein wunderbares Rezept aus dem Iran mit einer Fülle frischer Kräuter und Gemüse. Die nachfolgende Aufzählung an Kräutern und grünen Blättern ist nur eine Anregung.
Es passen alle Kräuter, die der Markt hergibt, vorausgesetzt, sie sind frisch und von bester Qualität.
Bemessen Sie einfach alle Kräuter und Gemüse jeweils zu gleichen Teilen.

☙❧

Lauch
Estragon
Spinat
Minze
Petersilie
Sellerie
Basilikum
Rote-Bete-Blätter
Dill
Fenchel
Bockshornklee

Für die Würzflüssigkeit
grobes Salz
frische rote Chilischoten
Pfefferkörner
getrockneter Oregano
getrockneter Majoran
Knoblauchzehen, geschält
Essig

☙❧

Kräuter und grüne Blätter waschen und auf Küchenpapier abtropfen lassen. Anschließend trocken tupfen und fein hacken. In einer großen Schüssel sorgfältig vermischen, dann in sterile Einmachgläser füllen. Mit etwas grobem Meersalz bestreuen und in jedes Glas eine halbe rote Pfefferschote, ein paar Pfefferkörner, etwas Oregano und Majoran sowie 2 oder 3 Knoblauchzehen geben.

Die Gläser bis knapp unter den Rand mit Essig auffüllen und fest verschließen.
Mindestens zwei Wochen ruhen lassen.

enginar turşusi
Eingelegte Artischocken

Ein Rezept aus der türkischen Stadt Izmir, die unter anderem für ihre Feigen, Trauben und Artischocken berühmt ist. Dieses Gericht ist auch in Griechenland sehr populär.
Vor dem Servieren geben Sie etwas Olivenöl und gehackte frische Petersilie auf die eingelegten Artischocken.

8–10 Zitronen
450 ml Wasser
8–10 Artischocken
3 EL grobes Salz
2 EL Weinessig
Olivenöl

Aus den Zitronen insgesamt 250 ml Saft auspressen und in einer Schüssel auffangen. Alles Fruchtfleisch der Zitronen in ein Sieb geben, mit dem Wasser übergießen und dieses ebenfalls in der Schüssel auffangen.

♦

Die Artischocken unter fließend kaltem Wasser abspülen und nacheinander vorbereiten wie im Folgenden beschrieben, alle Schnittstellen sofort mit einer halbierten Zitrone einreiben. Mit einem scharfen Messer den Stiel und das obere Drittel der Artischocke abschneiden. Die restlichen harten Blätter mit der Küchenschere stutzen, abstehende Blätter am unteren Teil der Artischocke abziehen. Schließlich die Artischocke längs halbieren und das Heu (die Härchen über dem Artischockenboden) mit einem scharfen Löffel oder Messer auskratzen. Die Artischockenhälften sofort in das Zitronenwasser legen.

♦

Drei saubere, trockene Gefäße für je 600 ml Inhalt bereitstellen. Die Artischockenhälften bis 2,5 cm unter dem Rand dicht gepackt einfüllen.

♦

Das Zitronenwasser in einen Krug sieben. Mit Salz und Essig vermischen, über die Artischocken gießen, sodass sie 2 cm hoch mit der Marinade bedeckt sind. Die übrige Flüssigkeit kühl aufbewahren. Die Gefäße zuerst mit einer Schicht Olivenöl versiegeln, dann verschließen und mindestens zwei Wochen kühl stellen. Falls Flüssigkeit verdunstet, hin und wieder mit der aufbewahrten Marinade auffüllen, damit die Artischocken immer ganz bedeckt sind.

torshi-ye-gilas
Essig-Kirschen

Diese eingelegten Kirschen sind eine ganz besondere Köstlichkeit aus dem Iran.

ೋ୪

450 ml Weißweinessig
4 EL Salz
900 g schöne Sauerkirschen, gewaschen und entsteint
4 Zweige Estragon
10 Pfefferkörner

ೋ୪

Den Essig mit dem Salz in einem großen Topf zum Kochen bringen. Etwa 3 Minuten leise köcheln lassen, dann vom Herd nehmen und abkühlen lassen. Die Kirschen in sterile Einmachgläser füllen und mit der Essigmischung vollständig bedecken. Die Estragonzweige und Pfefferkörner auf die Gläser verteilen.

♦

Die Gläser fest verschließen und 3–4 Tage ruhen lassen. Nun die Essigmischung abgießen, eine neue Essigmischung wie oben beschrieben bereiten und wieder über die Kirschen gießen. Alle Gläser fest verschließen und mindestens 2 Wochen stehen lassen.

torshi-ye-khorma
Eingelegte Datteln

Eingelegte Datteln, der Stolz irakischer und iranischer Köche, passen als köstliche Beilage zu jeder Art Fleisch. Besondere Zutaten wie Sumachbeeren und getrocknete Tamarinde erhält man in den meisten türkischen und griechischen Lebensmittelläden.

75 g Sumachbeeren
225 g getrocknete Tamarinde
900 ml Wasser
Saft von 1 Zitrone
450 g Datteln, entsteint
2 Knoblauchzehen, grob zerdrückt
1/2 TL Salz
1/4 TL schwarzer Pfeffer
1/4 TL Zimt
1/4 TL Muskat

In zwei separaten Schüsseln Sumachbeeren und Tamarinde über Nacht in je 450 ml Wasser einweichen. Am nächsten Tag durch ein Küchentuch abseihen, den Saft in einem Topf auffangen und 3 Minuten aufkochen.

Die Datteln in feine Scheiben schneiden oder fein hacken und in den Topf geben. Alle weiteren Zutaten untermischen, in sterile Einmachgläser füllen und diese fest verschließen. Innerhalb einer Woche verwenden.

hulba
Dip mit Bockshornklee

Diese sehr scharfe Spezialität aus dem Jemen wird mit Bockshornkleesamen, roten Chilischoten, Zwiebeln, Knoblauch, Linsen und Reis zubereitet. Fügt man noch fein gehacktes Lamm- oder Hühnerfleisch hinzu, ist es ein herzhafter Sattmacher. Wer möchte, kann mehr Reis und dafür weniger Linsen verwenden – oder umgekehrt.
Ohne Übertreibung: Dieser Dip – manchmal auch »Salta« genannt – ist extrem scharf und soll es auch sein. Nehmen Sie deshalb die schärfsten Chilischoten, die Sie finden können.

❧❦

4 EL Bockshornkleesamen, gemahlen
225 ml Wasser
4 rote scharfe Chilischoten
1 TL Salz
1 große Tomate, gehäutet und fein gehackt
2 Frühlingszwiebeln, fein gehackt
2 Knoblauchzehen, zerdrückt
1/2 TL schwarzer Pfeffer
1/4 TL Kardamom, gemahlen
1/4 TL Kurkuma
75 g Linsen, gekocht
75 g Reis, gekocht
1 TL Koriandergrün, gehackt
2 EL Ghee (Butterfett) oder geklärte Butter
etwa 150 ml Brühe

Zum Garnieren
1/2 TL Safranpulver

❧❦

Die Bockshornkleesamen 5–6 Stunden in Wasser einweichen, die Flüssigkeit vorsichtig abgießen, die Samen dann schaumig schlagen.

♦

Die Chilischoten halbieren, die Kerne und Stiele entfernen, die Schoten sehr fein hacken. Zusammen mit Salz, Tomaten, Frühlingszwiebeln, Knoblauch, schwarzem Pfeffer, Kardamom und Kurkuma zum Bockshornklee geben und gut unterrühren. Linsen und Reis mit einem Holzlöffel untermischen. Die Mischung in einen Topf füllen, Koriandergrün, geklärte Butter und Brühe zugeben. Unter gelegentlichem Rühren bei niedriger Hitze eindicken lassen. Falls nötig, etwas Wasser nachgießen.

♦

Das Gericht in eine große Schüssel füllen, mit Safran bestreuen und mit Fladenbrot reichen.

muhammara
Granatapfel-walnuss-dip

Diese syrische Spezialität ist auch bei den Armeniern sehr beliebt, sie nennen sie »Garmeroug«. Ein Sprichwort aus Aleppo, der Stadt in Nordsyrien, beschreibt trefflich die höllische Schärfe: »Nur der Teufel kann es mit Ayshas Muhammara aufnehmen – doch der kommt, Gottlob, nur einmal vorbei!« Muhammara ist ein Muss unter den Mezze, kann aber auch sehr gut als Dip zu jeder Art gekochtem Fleisch und zu Kebabs gereicht werden.

2 EL Chilipulver (rot, scharf)
150 ml Olivenöl
25 g Semmelbrösel
1 EL Granatapfelsaft oder 2 EL Zitronensaft
175 g Walnüsse, fein gehackt
1 TL Kreuzkümmel
1 TL Piment
Salz

Zum Garnieren
Petersilie, fein gehackt

Das Chilipulver in einer großen Schüssel mit 2 Esslöffel Wasser auflösen. Alle anderen Zutaten sorgfältig untermischen.

In eine kleine Schüssel umfüllen, mit etwas Petersilie garnieren und bis zum Servieren kühl stellen.

Zatar
Würzdip mit Sesam und Nüssen

Zatar – eine Mischung aus Wildem Majoran, Sesamsamen, Zimt, Kichererbsen und Koriandersamen – wird zum Frühstück (Kaffee oder Tee passt übrigens sehr gut dazu) oder auch als Vorspeise gereicht. Besonders im Irak gibt man auch noch Haselnüsse und Walnüsse zu dem Dip, in Ägypten ist er als »Dukkah« bekannt.
Das folgende Rezept ergibt eine stattliche Menge. In einem luftdichten Behälter kann man die Speise jedoch mehrere Monate lang aufbewahren.

225 g Sesamsamen
225 g Koriandersamen
110 g Walnüsse
110 g Kichererbsen – am besten passen die fertig vorbereiteten (gekocht, gesalzen und getrocknet), die man in Delikatessenläden kaufen kann
3 EL Kreuzkümmel
1 TL Salz
1/2 TL schwarzer Pfeffer
1 TL Zimt
2 EL getrockneter Wilder Majoran
1 EL Sumach

Zum Servieren
Olivenöl und Weißbrot

Sesam, Koriander, Walnüsse und Kichererbsen getrennt im Backofen oder unter dem Grill rösten. Die gerösteten Zutaten nun miteinander vermischen und nur grob zerstoßen. Auf keinen Fall darf Öl dabei austreten und sich eine klebrige Paste bilden – das Besondere an diesem Dip ist schließlich, dass er aus trockenen Zutaten besteht.

♦

Die zerstoßenen Zutaten in einer großen Schüssel locker mit den Kräutern und Gewürzen vermischen. Abschmecken und eventuell nachwürzen.

♦

Die Mischung in einer großen Schale servieren. Zum Essen stippt man ein Stück Weißbrot zuerst in ein Schälchen Olivenöl, dann in den würzigen Dip.

tahiniyeh
Knoblauch-Sesam-Dip

Tahiniyeh ist auch als Tarator-bi-tahina bekannt – ein leckerer Dip zu heißem Brot.

150 g Tahina (Sesampaste)
Saft von 2 Zitronen
300 ml Milch
2 Knoblauchzehen, zerdrückt
1 EL Petersilie, fein gehackt
1 TL Salz
1/2 TL Chilipulver
50 g Semmelbrösel

Zum Garnieren
1 EL Petersilie, fein gehackt
1/2 TL Kreuzkümmel

Die Sesampaste in einer Schüssel mit dem Zitronensaft verrühren. Nach und nach die Milch unterrühren, bis eine dickliche Creme entsteht. Knoblauch, Petersilie, Salz und Chili untermischen. Abschmecken und nachwürzen, falls nötig. Zuletzt die Semmelbrösel unterrühren und die Mischung in einer Schüssel mit Petersilie und Kreuzkümmel bestreut anrichten.

♦

Zugedeckt hält dieser Dip im Kühlschrank einige Tage. Falls er zu dicklich wird, kann man einfach noch etwas Milch unterrühren.

pooreh-ye adas
Linsendip

Dieses Rezept aus dem Chorasan (Khorassan) lässt sich, genau wie viele Dips aus dem Mittleren Osten, ganz leicht zubereiten. Man kann den Linsendip wahlweise mit Cayennepfeffer oder Petersilie garnieren. Auf jeden Fall aber gehört warmes Pitabrot dazu.

✼

1 Zwiebel, geschält und geviertelt
175 g braune Linsen, gewaschen
1 TL Salz
1/2 TL schwarzer Pfeffer
2 EL Zitronensaft

Zum Garnieren
1 EL Petersilie, fein gehackt
1 EL Estragon, fein gehackt
1 TL Cayennepfeffer

✼

Die Linsen mit den Zwiebeln in einen Topf geben. Etwa 5 cm hoch Wasser angießen und so lange sanft köcheln lassen, bis die Linsen weich sind; falls nötig, etwas Wasser nachfüllen. Zuletzt salzen und pfeffern.

♦

Die Linsen in einem Sieb abtropfen lassen, die Flüssigkeit auffangen.

♦

Die Linsen mit gerade so viel der Kochflüssigkeit im Mixer pürieren, dass ein weiches Püree entsteht. Den Zitronensaft unterrühren. Den Linsendip in eine Schüssel füllen und nach Belieben garnieren.

aloo-chap
würziger Kartoffel-Dip

Ein Rezept aus der Umgebung von Abadan, einer Stadt im südwestlichen Iran, wo man gerne Scharfes isst. Wer es milder mag, sollte entsprechend weniger Chilipulver verwenden. Zu diesem Dip, den man warm oder kalt essen kann, reicht man in westlichen Ländern auch gerne ein Glas eisgekühlten Wodka.

※

450 g Salzkartoffeln
100 ml Milch
3 EL Zwiebeln, fein gehackt
2 EL Petersilie, fein gehackt
1 TL Salz
1 TL Chilipulver (oder mehr oder weniger)
1/2 TL schwarzer Pfeffer

Zum Garnieren
1 EL Petersilie, fein gehackt
1 Prise Kreuzkümmel
1 Prise Paprika

※

Die geschälten und in Salzwasser gekochten Kartoffeln mit der Milch zu einem glatten Püree verarbeiten. Alle restlichen Zutaten sorgfältig untermischen.

♦

Das Püree in einer flachen Schale anrichten, die Oberfläche glatt streichen und mit Petersilie, Paprika und Kreuzkümmel hübsch verzieren.

kadoo pish gaza
zucchini-Dip

Ein einfacher Dip, den man im Iran mit Fladenbrot traditionell zum Frühstück oder als Vorspeise reicht.

ℰℛ

3 mittelgroße Zucchini
1 EL Essig
2 TL Salz
3 EL Pflanzenöl
1 Zwiebel, fein gehackt
225 g Tomaten, blanchiert, gehäutet und grob gehackt
Saft einer 1/2 Zitrone
1/2 TL schwarzer Pfeffer
1/2 TL Paprika
225 ml Wasser

Zum Garnieren
2 EL Petersilie oder Estragon, fein gehackt

ℰℛ

Die Enden der Zucchini abschneiden, dann die Zucchini in 1/2 cm dicke Scheiben schneiden. Die Zucchinischeiben in eine Schüssel mit kaltem Wasser legen, den Essig und 1 Teelöffel Salz dazugeben und 30 Minuten ziehen lassen.

Inzwischen in einem Topf die Zwiebeln in Öl goldgelb anschwitzen. Die Zucchinischeiben abtropfen lassen und hinzufügen. Tomaten, das restliche Salz, Zitronensaft, Pfeffer und Paprika sowie etwa 225 ml Wasser zugeben. Zugedeckt etwa 30 Minuten köcheln lassen, bis die Zucchini weich sind.

♦

Die Mischung im Mixer oder mit dem Kartoffelstampfer pürieren. Den Dip in einer flachen Schüssel mit den Kräutern bestreut servieren.

Suppen
Eintöpfe

Suppen werden im Nahen und Mittleren Osten nicht als Vor- oder Zwischengang gereicht: Sie gelten, immer mit frischem Brot dazu, als eigenständige, sättigende Mahlzeit. Mit Ausnahme der leichten fruchtigen Varianten am Ende dieses Kapitels sind es also Eintöpfe auf der Grundlage von viel Gemüse, Hülsenfrüchten und manchmal auch Fleisch.

Die Bandbreite der Zutaten ist enorm, sie reicht von Linsen, Kichererbsen oder Bohnen, Reis oder Bulgur über Trockenobst, Nüsse, Joghurt und Sauerrahm bis hin zu frischen Früchten. Zum Sättigen kommen oft geröstete oder in Butter gebratene Brotstückchen, aber auch hart gekochte Eier als Einlage in die Suppe – und für die schöne Optik und das geschmackliche Tüpfelchen auf dem i streut man zuletzt frisch gehackte Kräuter großzügig darauf.

Für die Gastfreundschaft sind Suppen im Mittleren Osten von unschätzbarer ideeller wie praktischer Bedeutung. Wenn unerwarteter Besuch kommt – und das ist im Orient eigentlich immer der Fall –, verlängert die Hausfrau die Suppe schnell noch mit etwas Brühe, und alle werden satt und glücklich. »Suppe vom gleichen Löffel essen« ist eine der größten Ehren, die ein Kurde seinem Gast erweisen kann, ebenso wie der Ausdruck »eine Schale Suppe teilen« in den meisten Ländern des Mittleren Ostens als Synonym für das friedliche Beisammensein gilt.

< *Detail des Wandschmucks aus glasierten Relieffliesen vom Mausoleum der Prinzessin Schad-i Mulk Aqa in Schah-i Zinda, der Totenstadt von Samarkand, Usbekistan (1371–1383).*

ab-gusht-e-bademjan
Auberginen-Linsen-Suppe

»Bademjaneh Bam avaf nadoreh« – nichts kann die Auberginen von Bam am Wachsen hindern (die Stadt Bam im Südosten des Irans ist berühmt für ihre Eierfrüchte).
Diese iranische Auberginensuppe gibt es in etlichen Variationen – einige davon mit Rindfleisch, in 5x2 cm große Stücke geschnitten. Das Rezept unten ist ein einfaches Gericht, zu dem man warmes Brot und eine Schale Naturjoghurt reicht. Kurkuma (Gelbwurz) gibt der Suppe einen zartgoldenen Ton.

❧❦

Für 4–6 Personen

2 kleine Auberginen, geschält und in Scheiben geschnitten
50 g Butter
1 Zwiebel, in feine Scheiben geschnitten
100 g braune Linsen, gewässert
1 TL Salz
1/2 TL schwarzer Pfeffer
1 TL Tomatenmark
1 TL Kurkuma
1/2 TL Zimt
1,8 l Wasser

❧❦

Die Auberginenscheiben auf einem großen Teller auslegen, mit Salz bestreuen und 30 Minuten ziehen lassen. Inzwischen die Hälfte der Butter in einem großen Topf zerlassen und die Zwiebelscheiben goldgelb anschwitzen. Die restliche Butter zufügen.

♦

Die Auberginenscheiben abspülen, mit Küchenpapier trocken tupfen und in den Topf geben. Ein paar Minuten anbraten, bis sie rundum leicht gebräunt sind. Die restlichen Zutaten zufügen, umrühren und zum Kochen bringen. Den Topf zudecken, die Hitze reduzieren und alles 30–45 Minuten sanft köcheln lassen, bis die Linsen weich sind. Falls die Suppe zu dick wird, noch etwas Wasser zugeben.

ashe lubi kharmez-ba-esfanaj
Rote-Bohnen-Spinat-Suppe

Diese nahrhafte Suppe wird im Iran oft als Hauptspeise serviert. Dazu reicht man frisches Brot.

---

110 g rote Bohnen (Kidney-Bohnen), über Nacht in kaltem Wasser eingeweicht
1 1/2 l Wasser
2 EL Pflanzenöl
1 Zwiebel, fein gehackt
1 TL Kurkuma
1 TL Salz
1/4 TL Chilipulver
1/2 TL schwarzer Pfeffer
110 g Linsen, gewaschen und abgetropft
50 g Langkornreis, in kaltem Wasser mehrmals gewaschen und abgetropft
225 g frischer Blattspinat, sorgfältig gewaschen, abgetropft und grob gehackt
Saft von 1 großen Zitrone

Die eingeweichten Bohnen abtropfen lassen und in einem Topf mit 600 ml Wasser zum Kochen bringen. Die Hitze reduzieren und die Bohnen knapp bissfest köcheln lassen. Falls nötig, etwas kochendes Wasser nachgießen. Den Topf vom Herd nehmen und beiseite stellen.

♦

Das Öl in einem großen Topf erhitzen und die Zwiebeln unter häufigem Rühren goldgelb anschwitzen. Kurkuma, Salz, Chilipulver, schwarzen Pfeffer und die Linsen dazugeben und 1–2 Minuten andünsten. Die restlichen 900 ml Wasser sowie die Bohnen mit dem Kochwasser dazugeben und zum Kochen bringen. Weitere 30 Minuten leise köcheln lassen.

♦

Reis und Spinat unterrühren und nochmals 20 Minuten sanft köcheln lassen. Die Suppe ist gar, wenn die Linsen weich sind (ab und zu probieren).

♦

Kurz vor dem Servieren den Zitronensaft unterrühren und abschmecken.

dabanabour
Arche-Noah-Suppe

Wie der Name bereits vermuten lässt, stammt dieses berühmte westarmenische Gericht aus dem Ararat-Gebiet (am Berg Ararat strandete Noah mit seiner Arche nach der Sintflut). Die im folgenden Rezept aufgeführten Gemüsesorten sind nur als Anregung gedacht, nehmen Sie am besten immer das, was es gerade frisch und regional am Markt gibt.

ೞಃ

2 Kartoffeln, geschält
2 Karotten, geschält
1 Stange Lauch, geputzt und gewaschen
2 Stangen Staudensellerie, geputzt und gewaschen
2 Zucchini
1 weiße Rübe oder 1 Kohlrabi, geschält
1,8 l Wasser
2 Lorbeerblätter
1 1/2 TL Salz
1 TL schwarzer Pfeffer
1 TL Thymian, fein gehackt
25 g Butter
1 Zwiebel, fein gehackt

ೞಃ

Alle geputzten und gewaschenen Gemüse in gleich große Würfel oder Scheiben schneiden. In einen großen Topf füllen, das Wasser zufügen und zum Kochen bringen. Die Hitze reduzieren und alles etwa 20 Minuten sanft köcheln lassen, bis das Gemüse knapp gar ist. Lorbeerblätter, Salz, Pfeffer und Thymian dazugeben und weitere 10–15 Minuten garen.

♦

Inzwischen die Butter in einer kleinen Pfanne zerlassen und die Zwiebeln goldgelb anschwitzen. Die Butter-Zwiebel-Mischung in die Gemüsesuppe rühren, nochmals abschmecken und servieren.

tahinov-abour
Kichererbsensuppe mit Tahina

Kichererbsen, Linsen und Spinat bilden die Grundlage dieser armenischen Suppe, die durch Tahina ihr ganz besonderes Aroma erhält. Die Suppe kann man lange im Voraus zubereiten und aufwärmen, nur das Tahina gibt man erst kurz vor dem Servieren dazu.

༄

50 g Kichererbsen, über Nacht in kaltem Wasser eingeweicht
50 g getrocknete weiße Bohnen, über Nacht in kaltem Wasser eingeweicht
1,8 l Wasser
50 g braune Linsen
25 g Butter
110 g frischer Blattspinat, gründlich gewaschen, ausgedrückt und gehackt
1 TL Salz
1/2 TL schwarzer Pfeffer
130 g Tahina (Sesampaste)

༄

Die eingeweichten Kichererbsen und Bohnen abtropfen lassen und mit 1,8 l Wasser in einen großen Topf geben. Zum Kochen bringen, dann so lange leise köcheln lassen, bis die Bohnen fast gar sind. Wichtig: Während der Kochzeit das Wasser durch gelegentliches Nachgießen immer auf dem ursprünglichen Füllstand halten und den sich bildenden Schaum mit dem Schaumlöffel abschöpfen.

♦

Sobald die Bohnen bissfest sind, die Linsen zugeben und weitere 30–40 Minuten kochen, bis auch die Linsen weich sind.

♦

Die Butter in einer kleinen Pfanne zerlassen und die Zwiebeln langsam goldgelb anschwitzen. Den Pfanneninhalt und den Spinat zur Suppe geben und 10–15 Minuten garen, dann mit Salz und Pfeffer würzen.

♦

Die Suppe kurz vor dem Servieren noch einmal zum Kochen bringen. Tahina in einer kleinen Schüssel mit einigen Esslöffeln der Brühe verrühren. Den Topf vom Herd nehmen, Tahina unterrühren und sofort servieren.

badem çorbası
Mandelsuppe »Stolz Anatoliens«

Köstlich, gehaltvoll und raffiniert wie sie ist, gilt diese Suppe, eine Spezialität aus Istanbul, als »der Stolz Anatoliens«.

❧☙

6 hart gekochte Eier, geschält
50 g Mandeln, fein gemahlen
6 Bittermandeln (grüne Mandeln)
1 TL abgeriebene Zitronenschale
1 TL Korianderkörner
1,2 l Wasser
1 TL Salz
1/4 TL getrocknetes süßes Basilikum
1/4 TL Thymian, fein gehackt
300 g Sahne

❧☙

Die Eier halbieren und die Eigelbe herausnehmen. Eigelbe, gemahlene Mandeln und Bittermandeln, Zitronenschale und Koriander im Mixer zu einer Paste verarbeiten.

Die Würzpaste in einen Topf geben, das Wasser nach und nach unterrühren, sodass eine glatte, cremige Masse entsteht. Zum Kochen bringen, mit Salz, Basilikum und Thymian würzen, dann die Hitze reduzieren und alles 10 Minuten köcheln lassen.

Vom Herd nehmen und in eine Suppenterrine füllen. Die Sahne unterrühren und sofort servieren.

schorba-bi-kousa
zucchini-milch-suppe

Wenn manchen Gerichten des Nahen und Mittleren Ostens, da oft bäuerlichen oder nomadischen Ursprungs, vielleicht eine gewisse Raffinesse fehlt, so ist bei dieser Suppe aus dem Libanon das Gegenteil der Fall – sie betört mit ihrer sahnig-weichen Konsistenz und der perfekt ausgewogenen, fein säuerlichen Würze von Sumach.
Sumachpulver (auch unter dem Namen Sumak im Handel) erhält man zum Beispiel in türkischen und arabischen Lebensmittelläden.

350 g Zucchini
25 g Butter
1 EL Mehl
600 ml Milch
1 TL Salz
1/4 TL weißer Pfeffer
1/2 TL Kreuzkümmel, gemahlen
2 EL Petersilie, fein gehackt

Zum Garnieren
1 EL Sumach

Die Zucchini waschen und in 2,5 cm große Stücke schneiden. Einen großen Topf zur Hälfte mit leicht gesalzenem Wasser füllen, die Zucchini dazugeben und weich köcheln lassen. Mit dem Schaumlöffel herausnehmen und im Mixer fein pürieren.

♦

Die Butter in einem Topf zerlassen, den Topf vom Herd nehmen und das Mehl unterrühren. Nach und nach so viel Milch unterrühren, bis die Mischung eine weiche, glatte, cremige Konsistenz hat. Nun die restliche Milch auf einmal unterrühren, den Topf wieder auf den Herd stellen und unter ständigem Rühren so lange köcheln lassen, bis die Flüssigkeit eindickt.

♦

Das Zucchinipüree unterrühren und mit Salz, Pfeffer und Kreuzkümmel würzen. Falls die Suppe etwas zu dick ist, rühren Sie einfach noch ein wenig Wasser ein und würzen entsprechend nach.

♦

Die Petersilie erst kurz vor dem Servieren unterrühren, die Suppe dann auf Suppenschalen verteilen und mit Sumach bestreuen.

düğün çorbası
Hochzeitssuppe

In der alten Schilderung einer orientalischen Hochzeit heißt es: Nach der Zeremonie lässt der Bräutigam seine Freunde bei Pfeifen, Kaffee und Getränken in einem Raum unterhalb der Moschee alleine zurück. Erst nachdem der Bräutigam der Braut ein Geldgeschenk gegeben hat, darf er den Schleier lüften. Draußen vor der Tür warten in ängstlicher Erwartung mehrere Frauen. Wenn der Bräutigam seine Gemahlin entschleiert hat, sieht er ihr Gesicht zum allerersten Mal. Das gibt er nun durch Rufen bekannt. Die Frauen draußen erheben auf der Stelle ein lautes Freudengeschrei, das weithin hörbar ist. Der Bräutigam lässt damit öffentlich kundtun, dass ihm seine Frau gefällt.

Danach geht er zu seinen Freunden hinunter und isst eine Schale Hochzeitssuppe. Manchmal erleichtert, manchmal aber auch, weil er nun dringend eine Stärkung braucht.

Für 4–6 Personen
50 g Butter
1 Zwiebel, in feine Scheiben geschnitten
450 g mageres Lammfleisch vom Schlegel (oder 450 g Rindfleisch),
in 2,5 cm große Würfel geschnitten
1,8 l Wasser
2–3 TL Salz
1/2 TL schwarzer Pfeffer
2 Eier
1 EL Zitronensaft
2 EL Joghurt

Die Butter in einem großen Topf zerlassen und die Zwiebeln goldbraun anschwitzen. Die Fleischwürfel dazugeben und 5–8 Minuten rundum schön braun anbraten. Das Wasser darübergießen und alles bei mittlerer Hitze etwa 30 Minuten garen, bis das Fleisch zart ist. Zwischendurch immer wieder den Schaum abschöpfen. Zuletzt Salz und Pfeffer unterrühren.

♦

Die Eier in einem Schälchen verquirlen und mit Zitronensaft und Joghurt vermischen. Etwas Fleischbrühe unterrühren. Die Ei-Joghurt-Mischung in die Suppe gießen, nochmals abschmecken und sofort servieren.

kharcho
Hühnersuppe mit Walnüssen und Damaszenerpflaumen

Dieses Rezept aus Georgien verbindet Hühnchen mit Walnüssen und Damaszenerpflaumen – eine faszinierende Kombination. Damaszenerpflaumen sind bei uns schwer zu finden, man kann sie durch nicht ganz reife Pflaumen oder Zwetschgen ersetzen.

Für 4–6 Personen

1 Hähnchen von 1,2–1,5 kg, in 8 Stücke zerteilt
1,8 l Wasser
1 TL Salz
1 große Zwiebel, fein gehackt
3 große Tomaten, blanchiert, gehäutet und klein gehackt
175 g Walnüsse, grob gehackt
6–8 säuerliche Damaszenerpflaumen oder Zwetschgen, entsteint und in feine Scheiben geschnitten
2 Knoblauchzehen, zerdrückt
1 TL Zimt
1/2 TL schwarzer Pfeffer
2 Lorbeerblätter

Zum Garnieren
3–4 EL frische Korianderblätter, Dill oder Petersilie, fein gehackt

---

Die Hähnchenstücke mit Wasser und Salz in einem großen Topf zum Kochen bringen und den Schaum abschöpfen. Die Zwiebeln hinzufügen, die Hitze reduzieren, den Topf zudecken und alles etwa 1 Stunde leise köcheln lassen, bis das Fleisch zart ist. Die Hähnchenteile herausheben und abkühlen lassen. Sobald man sie anfassen kann, alles Fleisch ablösen und in kleine Stücke schneiden.

♦

Die Fleischstücke in die Brühe geben und Tomaten, Walnüsse, Pflaumen, Knoblauch, Zimt, Pfeffer und Lorbeerblätter untermischen. Zum Kochen bringen und offen weitere 10–15 Minuten leise köcheln lassen. Mit Kräutern bestreut servieren.

labaneya
joghurt-spinat-suppe

In Ägypten wird diese Suppe traditionell mit Moloukhia, einer spinatähnlichen Malvenpflanze (auch Molochia, Moluchia oder Muskraut genannt), zubereitet; dieses Gemüse findet man bei uns aber kaum. Spinat oder auch Mangold ist eine gute Alternative.

❧☙

450 g frischer oder 225 g TK-Blattspinat
3 EL geklärte Butter oder Pflanzenöl
1 große Zwiebel, grob gehackt
4 Frühlingszwiebeln, fein gehackt
110 g Langkornreis, unter fließendem kaltem Wasser gründlich gespült und abgetropft
1,2 l Wasser
1 TL Salz
1/2 TL schwarzer Pfeffer
1/2 TL Kreuzkümmel, gemahlen
1/2 TL Paprika
450 g Joghurt
1 Knoblauchzehe, zerdrückt

❧☙

Den frischen Spinat waschen, trocken schleudern und ganz grob hacken beziehungsweise nur ein wenig zerkleinern.

♦

Butter oder Öl in einem großen Topf erhitzen und die Zwiebeln glasig anschwitzen. Spinat und Frühlingszwiebeln dazugeben und unter ständigem Rühren 2 Minuten anschwitzen. Reis, Wasser, Salz, Pfeffer, Kreuzkümmel und Paprika unterrühren. Zum Kochen bringen, die Hitze reduzieren und alles 15–20 Minuten köcheln lassen, bis der Reis gar ist.

♦

Den Joghurt mit dem Knoblauch in einer Schüssel vermischen. Die Suppe vom Herd nehmen, den Joghurt unterrühren und sofort servieren.

marak tapouzim im limon
Tomaten-orangen-zitronen-suppe

Außergewöhnlich fein duftend und sehr erfrischend ist diese Suppe aus Israel. Man kann sie nur mit hundert Prozent reinem Obst- und Gemüsesaft zaubern. Wer koscher isst, verwendet Margarine, sonst kann man natürlich auch Butter nehmen.

ଔଓ

2 EL Margarine
1 Zwiebel, fein gehackt
450 ml Tomatensaft
450 ml Orangensaft, frisch gepresst
250 ml Zitronensaft, frisch gepresst
1/2 TL süßes Basilikum (z.B. Thai-Basilikum)
1/2 TL getrockneter Oregano

ଔଓ

Die Margarine in einem großen Topf zerlassen und die Zwiebeln glasig anschwitzen. Alle Säfte zugießen und zum Kochen bringen. Die Hitze reduzieren und alles 5 Minuten leise köcheln lassen.

♦

Basilikum und Oregano unterrühren und sofort heiß servieren.

ab-goosht-e sib
Apfel-Kirsch-Suppe

Die süß-saure persische Suppe kann man im Sommer mit frischen Sauerkirschen (zum Beispiel Schattenmorellen) bereiten, zu anderen Jahreszeiten sind getrocknete Kirschen (aus dem Reformhaus oder Bioladen) ein guter Ersatz.
Mungobohnen sind ungeschält grün, ohne Schale gelb, es gibt sie getrocknet im Handel, manchmal unter dem Namen Moong Dun.

ಬಿಲ್

900 ml Wasser
50 g gelbe Mungobohnen, über Nacht in kaltem Wasser eingeweicht
1 TL Salz
1/2 TL schwarzer Pfeffer
1 Zwiebel, in feine Scheiben geschnitten
2 große Kochäpfel (feste, eher säuerliche Sorte), geschält, vom Gehäuse befreit und in 1 cm dicke Scheiben geschnitten
8–10 Sauerkirschen
1 EL Zitronensaft
1 TL Zucker

ಬಿಲ್

Das Wasser in einem Topf zum Kochen bringen. Die abgetropften Mungobohnen, Salz, Pfeffer und Zwiebeln dazugeben und zugedeckt 20 Minuten leise köcheln lassen.

♦

Die restlichen Zutaten zufügen, gut verrühren, den Topf zudecken und alles weitere 25–30 Minuten köcheln lassen, bis die Mungobohnen weich sind.

♦

Sofort heiß servieren.

salat

ೕೣ

Vieles, was als Mezza serviert wird, würde im Mittleren Osten ohne Weiteres auch als Salat empfunden – Dips, Bulgurgerichte und Gemüsepürees mit eingerechnet. Oder umgekehrt: Salate, Rohkost und kalte Gemüse sind ein unabdingbarer Bestandteil bei den Mezze. Als Beispiel dafür mögen Tabouleh (siehe Mezze), Fattoush (Brotsalat) oder Salad-e-esfanay (Spinatsalat) gelten. Frische Salatblätter haben oft eine praktische Funktion: Man nimmt damit Speisen auf, rollt sie zu einem Päckchen und führt sie so zu Mund. Deshalb werden auch Salate, die Sie im Kapitel Mezze finden, oft auf einer großen Platte mit knackig grünen Salatblättern umlegt.

Traditionell gehört zu jeder warmen Mahlzeit mit Fleisch, Geflügel oder Fisch ein Salat. Doch nicht nur Blattsalat (wie Romana) und frische Kräuter – Petersilie, Estragon, Dill, Minze, Koriander –, Zwiebeln, Frühlingszwiebeln und Knoblauch, Rohkost oder zuvor frittiertes kaltes Gemüse bilden dabei die Grundlage, oft sind auch Hülsenfrüchte, Obst und Nüsse mit dabei, ein vielfältiges Repertoire also, bei dem man je nach Jahreszeit und Marktfrische variieren kann.

In manchen Ländern, wie zum Beispiel im Irak und in den Golfstaaten, sind Dressings wenig gebräuchlich, hier gibt man einfach ein wenig Salz oder allenfalls noch etwas Zitrone auf den Salat, und fertig. Anders in Syrien und im Libanon, im Iran, in Armenien, Griechenland und der Türkei. Die vier wichtigsten Zutaten bei den Dressings sind Olivenöl, Zitronensaft, Essig und Joghurt. Eine Doppelrolle hat wiederum Tahiniyeh, ein Dressing mit Sesampaste, das auch als Dip bei den Mezze nicht fehlen darf und deshalb dort zu finden ist. ೣ

< *Detail einer Wanddekoration aus vielfarbigen Fliesen im Palais d'Orient in Tunis.*

Dressings
Olivenöl-Zitronen-Dressing

Latho-lemono nennen die Griechen dieses Dressing, das gut zu allen frischen Salaten und zu kaltem gekochtem Gemüse passt.

ଔଷ

100 ml Olivenöl
4–5 EL Zitronensaft
2 EL Petersilie, fein gehackt, alternativ Oregano oder Dillspitzen
1 Knoblauchzehe, zerdrückt
1 TL Salz
1/2 TL schwarzer Pfeffer

ଔଷ

Alle Zutaten in einer Schüssel miteinander vermischen und kurz vor dem Anrichten über den Salat gießen.

Essig-Öl-Dressing

Dieses Dressing ist auf Zypern, in Griechenland, der Türkei, in Syrien und im Libanon sehr beliebt. In der Türkei gibt man es als Sirkeli Salatası an jegliche Art rohes Gemüse, Salat von Roten Beten und an Bohnensalat. In Zypern rührt man gerne auch 1/2 Teelöffel oder mehr zerstoßene Senfsamen – Lathoxitho – hinein.

Gleiche Zutaten wie für das Olivenöl-Zitronen-Dressing, nur dass der Zitronensaft durch Weißweinessig ersetzt wird.

sughtorov-madzoon
Knoblauch-Joghurt-Dressing

Im Iran, in Armenien und in der Türkei ist Joghurt bei sehr vielen Gerichten fast ein Muss. Äußerst beliebt in Armenien ist das Joghurt-Dressing mit Knoblauch. Es passt nicht nur zu Salat, sondern sehr gut auch zu gebratenem odere frittiertem Gemüse.

300 g Joghurt
1 Knoblauchzehe, zerdrückt
1/2 TL Salz

Zum Garnieren
1/2 TL getrocknete Minze
1 Frühlingszwiebel, fein gehackt (beliebig)

Den Joghurt in eine Schüssel füllen. Knoblauch und Salz miteinander vermischen und dann zum Joghurt geben.

♦

Mit getrockneter Minze und, falls gewünscht, Frühlingszwiebeln garniert servieren.

kefit aghttzan
gemischter salat mit Tahiniyeh

Der Name dieses Salats aus Armenien bedeutet »Wie es euch gefällt«, dementsprechend kann man – von Radieschen über Pilze bis hin zu Gemüse- und Blattsalaten – alles verwenden, wonach einem gerade der Sinn steht oder was frisch am Markt ist. Allerdings: Ein Knoblauch-Sesam-Dressing ist Bedingung.

1 grüne Paprikaschote, ohne Kerne und weiße Innenhaut
2 Tomaten
1/2 Salatgurke
1 gekochte Kartoffel, gepellt
2 Stangen Stangensellerie
2 Karotten, geschält und geraspelt
1 Handvoll schwarze Oliven, entsteint
2 hart gekochte Eier
3–4 EL Tahiniyeh (siehe Seite 36), ohne Semmelbrösel

Zum Garnieren
1 EL Petersilie, fein gehackt

Das Knoblauch-Sesam-Dressing zubereiten wie im Rezept Tahiniyeh beschrieben (siehe Seite 36), jedoch ohne Semmelbrösel.

Paprika, Tomaten, Gurke, Kartoffel und Sellerie in mundgerechte Stücke schneiden, in eine große Salatschüssel geben und geraspelte Karotten sowie Oliven dazugeben. Die Eier schälen, grob hacken und vorsichtig untermischen. Dann das Dressing unterheben. Mit Petersilie bestreut servieren.

fattoush

Brotsalat

Für die Ägypter ist Brot so überlebenswichtig, dass sie es »eysh« (wörtlich: Leben) nennen. Die Armenier sagen zu essen »hatz oudel« (Brot essen). Und auch die Syrer würden kein Krümelchen Brot verkommen lassen, sie verwerten es zum Beispiel in Fattoush.
Dieser ungewöhnliche Salat ist ganz wundervoll. Man sollte ihn gut durchkühlen und das Brot erst ganz kurz vor dem Servieren untermischen, damit es schön kross und knusprig bleibt.

1 große Salatgurke, gewürfelt
1 Salatherz (Romana), fein geschnitten
5 Tomaten, grob gehackt
10 Frühlingszwiebeln, grob gehackt
1 kleine grüne Paprika, gewürfelt
1 EL frische Korianderblätter, grob gehackt
1 EL Petersilie, fein gehackt
1 EL frische Minze, fein gehackt
1 Knoblauchzehe, zerdrückt
6 EL Olivenöl
Saft von 2 Zitronen
1/2 TL Salz
1/4 TL schwarzer Pfeffer
5 dünne Scheiben Brot

Alle Zutaten außer Brot in einer großen Schüssel locker miteinander vermischen, am besten, indem man die Schüssel mehrmals rüttelt. Kühl stellen. Erst kurz vor dem Servieren das Brot rösten oder toasten und in kleine Würfel schneiden. Die Brotwürfel locker untermischen und sofort servieren.

salad-e-esfanaj
spinatsalat mit pistazien

Ein kurdisch-iranischer Salat, der auch im ganzen Kaukasus beliebt ist.
Dieses Rezept gelingt nur mit frischem Blattspinat, während man die Pistazien bereits fertig geröstet kaufen kann.

❧

500 g frischer junger Blattspinat
1/2 Gurke, geschält, geviertelt und in feine Scheiben geschnitten
6–8 schwarze Oliven ohne Stein, in feine Scheiben geschnitten
1/2 mittelgroße Zwiebel, in feine Scheiben geschnitten
3 Frühlingszwiebeln, in feine Scheiben geschnitten
3 EL frische Petersilie, fein gehackt
3–4 EL frischer Estragon, fein gehackt
4 Radieschen, in feine Scheiben geschnitten
2 EL Pistazien, grob gehackt
4 EL Olivenöl
Saft von 1 Zitrone
1 1/2 TL Salz | 1 TL Paprika
1/2 TL schwarzer Pfeffer

Zum Garnieren
1/2 TL Basilikum | 1/2 TL Majoran

❧

Den Spinat sorgfältig unter fließendem Wasser waschen, die Stiele abschneiden, die Blätter trocken tupfen oder trocken schleudern, dann kleinschneiden. Den Spinat in einer Schüssel mit Gurken, Oliven, Zwiebeln, Petersilie, Estragon und Radieschen mischen. Die Pistazien dazugeben.

♦

In einer anderen Schüssel Öl, Zitronensaft, Salz, Paprika und Pfeffer zu einer Marinade verrühren. Diese über den Salat gießen und locker mischen. 1–2 Stunden kühl stellen. Erst kurz vor dem Servieren mit Basilikum und Majoran bestreuen.

 variation aus aserbaidjan

Den Spinat wie oben vorbereiten, in einer Schüssel mit 150 g Crème double, 1 Teelöffel Salz, 1/2 Teelöffel schwarzem Pfeffer, Saft von 1 1/2 Zitronen und 1/2 Teelöffel Dill vermischen. 2 hart gekochte Eier schälen und in Scheiben schneiden, dann nur das Eigelb grob hacken und über den Salat streuen. Mit den Eiweißringen und 1 Teelöffel Paprika bestreut garnieren.

kaleh joosh
dattel-walnuss-salat

Dieser typisch iranische Salat wird entweder als Vorspeise oder als Beilage zu Geflügel- und Fischgerichten gereicht. Er hat ein wundervolles Aroma und sieht fantastisch aus. Traditionell wird er mit Kashk (Molke) zubereitet. Wenn Sie diese nicht finden können, ist Joghurt ein guter Ersatz.

50 g Butter
1 große Zwiebel, fein gehackt
1 EL Mehl
300 g frischer Joghurt
2 TL getrocknete Minze
2 Knoblauchzehen, fein gehackt
1/2 TL Safran
1 TL warmes Wasser
8–10 entsteinte Datteln, der Länge nach in schmale Streifen geschnitten
3 EL Walnüsse, gehackt

Die Hälfte der Butter in einem Topf zerlassen und unter Rühren die Zwiebeln glasig anschwitzen. Das Mehl über die Zwiebeln stäuben und dann gut untermischen. Den Joghurt dazugießen und die Mischung unter Rühren rasch erhitzen, aber nicht kochen, da sonst der Joghurt gerinnt. Die Mischung in eine flache Servierschale geben.

Die restliche Butter zerlassen, Minze und Knoblauch unterrühren. Diese Mischung über den Joghurt gießen. Den Safran in warmem Wasser auflösen und auf dem Gericht verteilen. Zuletzt die Datteln und Walnüsse darüberstreuen und sofort servieren.

fasulye piyazı
salat von weißen bohnen

Es gibt mehrere Variationen dieses zum Beispiel in Griechenland, der Türkei und Armenien sehr beliebten Salats. Für die einfache Art braucht man außer Bohnen nur halbierte Oliven und Tomatenscheiben. Das folgende Rezept stammt aus Istanbul, der Salat wird meist kalt, kann aber auch warm serviert werden (dann nimmt man Butter statt Olivenöl). Er passt gut zu kaltem Fleisch und zu Fischgerichten.

☙❧

225 g weiße Bohnen, über Nacht in kaltem Wasser eingeweicht
3 EL Pflanzenöl (oder Butter, falls das Gericht warm serviert werden soll)
1 große Zwiebel, in feine Scheiben geschnitten
5 Tomaten, blanchiert, gehäutet und grob gehackt
2 Knoblauchzehen, zerdrückt
3 EL frisches Basilikum, fein gehackt
3 EL Petersilie, fein gehackt
1 TL Salz
1/4 TL schwarzer Pfeffer
1/4 TL Piment

Zum Garnieren
1 EL Petersilie, fein gehackt
Zitronenspalten
2 hart gekochte Eier, geviertelt

☙❧

Einen großen Topf zur Hälfte mit leicht gesalzenem Wasser füllen, zum Kochen bringen und die abgetropften Bohnen bissfest garen. Wenn nötig, noch etwas Wasser nachfüllen.
Öl (oder Butter für die warme Version) in einem großen Topf erhitzen und die Zwiebeln goldgelb anschwitzen. Tomaten, Knoblauch, Basilikum, Petersilie, Salz und Pfeffer sowie Piment dazugeben und sorgfältig miteinander verrühren. Bei kleiner Hitze unter häufigem Umrühren 5–10 Minuten garen.

◆

Die Bohnen abgießen (dabei etwas vom Kochwasser auffangen) und in eine große Servierschüssel füllen. Die Tomatensauce locker unterrühren. Falls der Salat zu trocken wirkt, einfach etwas von dem Bohnenkochwasser dazugeben. 2–3 Stunden kühl stellen und mit Petersilie, Eiern und Zitronenspalten garniert servieren.

salad-e-havij
Karottensalat mit Rosinen

Mit frischem Orangensaft und Rosinen zubereitet, passt dieser Salat aus dem Iran sehr gut zu Geflügel und zu gebratenem Fleisch.

❧☙

500 g Karotten, grob geraspelt
Saft von 2 Orangen
Saft von 1 Zitrone
50 g Rosinen
1/2 TL Salz
1/4 TL schwarzer Pfeffer
2 EL Olivenöl

Zum Garnieren
1 EL Estragon, Minze oder Petersilie, fein gehackt

❧☙

Die Karotten in eine große Salatschüssel geben und die frisch gepressten Säfte darübergießen. Rosinen, Salz, Pfeffer und Öl dazugeben und alles gut vermischen. Etwa 1 Stunde kühl stellen, damit die Karotten durchziehen und dabei viel Saft aufnehmen können.

Mit Kräutern bestreut servieren.

Gemüse

୨୭ଓ

Den Spruch »die anderen kochen auch nur mit Wasser« kann man bezüglich Gemüse für die Küche des Mittleren Ostens nicht gelten lassen: Es wird in der Pfanne gebraten, im Ofen gebacken, auf dem Rost gegrillt, im Topf geschmort oder frittiert ..., aber nie einfach in Wasser gegart. Meist ist viel Olivenöl im Spiel. Für warme Gemüsegerichte – dann sind es eigenständige Hauptmahlzeiten – verwendet man eher Ghee (Butterfett), Butter oder Pflanzenöl.

Zucchini, Auberginen, Artischocken, Avocados, Kürbisse, Paprika ... kurz: viele Gemüse, die wir auch aus der mediterranen Küche kennen, spielen im Nahen und Mittleren Osten eine tragende Rolle – nicht minder getrocknete Hülsenfrüchte wie Linsen, Kichererbsen und Bohnen. Früchte, Nüsse, Reis und manchmal auch Fleisch werden zum Füllen verwendet.

Gemüse zu füllen ist eine sehr alte Tradition. Sie lässt sich, so belegen es archäologische Funde, bis ins antike Knossos, Kreta und Urartu zurückverfolgen. Zur Perfektion gelangte diese hohe Kunst des Kochens aber erst, nachdem die Osmanen Konstantinopel erobert hatten (1453). Zu jener Zeit wurden aufwendig gefüllte Gemüsegerichte eigens für die Sultane kreiert.

Von Istanbul aus nahmen die »Dolmas« (so der türkische Name, nach dolma: füllen, stopfen) nach weiteren Eroberungszügen ihren Weg bis nach Nordafrika, Saudi-Arabien, Persien und Indien.

Interessanterweise sind in Turkmenistan, Usbekistan und Kasachstan – den Gebieten, aus denen die türkisch-mongolischen Volksstämme ursprünglich kommen – gefüllte Gemüse bis heute unbekannt. ଓ

< Detail einer blau-weißen Fayencetafel an der Fassade des Sünnet Odasi-Pavillons, Topkapi-Palast, Istanbul (Mitte des 16. Jh.).

derevi blor
mit Reis und Mandeln gefüllte Weinblätter

Für dieses im ganzen Orient berühmte Gericht sind wir nicht auf den Herbst angewiesen: Weinblätter gibt es, in Salzlake konserviert und abgepackt, das ganze Jahr über in Delikatess- oder in Orientläden zu kaufen.

ഔര

350 g frische Weinblätter

Für die Füllung
150 ml Pflanzenöl
2 Zwiebeln, in feine Ringe geschnitten
1 grüne Paprika, entkernt und in feine Ringe geschnitten
175 g Langkornreis, gewaschen und sorgfältig abgetropft
1/2 TL Chilipulver
1 TL Piment
1 TL Salz
1 1/2 TL Tomatenmark
25 g Mandeln, gehackt
1 EL Petersilie, gehackt

Für die Sauce
1 EL Tomatenmark
600–900 ml Wasser
3–4 Knoblauchzehen, zerdrückt
1 TL Salz
1/2 TL Chilipulver
3 EL Zitronensaft

Zum Garnieren
Zitronenspalten

ഔര

Die Weinblätter in kaltem Wasser waschen, in einen Topf legen und vollständig mit Wasser bedecken. Zum Kochen bringen und etwa 15 Minuten leise köcheln lassen. Dann in einem Sieb abtropfen lassen.

♦

In einem großen Topf das Öl erhitzen, Zwiebeln und Paprika zufügen und unter gelegentlichem Rühren etwa 5–10 Minuten garen, bis die Zwiebeln glasig sind. Reis, Chilipulver, Piment, Salz und Tomatenmark unterrühren und weitere 10 Minuten garen. Ab und zu umrühren. Vom Herd nehmen, Mandeln und Petersilie untermischen und in einer großen Schüssel kühl stellen.

◆

Für jedes gefüllte Weinblattröllchen (Blor) jeweils den Stiel eines Weinblattes abschneiden. Das Blatt mit den Blattadern oben und der Schnittkante vor sich hinlegen. Auf das untere Drittel des Blattes 1 Esslöffel der Reisfüllung häufeln, das Weinblatt von unten nach oben hin über die Füllung klappen, dann die rechte und linke Seite des Blattes zur Mitte hin falten. Das Blatt nun von unten nach oben wie eine Zigarre zu einem festen Päckchen zusammenrollen. Dies so lange wiederholen, bis die ganze Füllung aufgebraucht ist.

◆

Falls Weinblätter übrig sind, diese auf dem Boden eines möglichst breiten Topfes auslegen. Die gefüllten Röllchen dicht an dicht und in mehreren Lagen in den Topf schichten, und zwar so, dass die Röllchen der zweiten Lage quer zu denen der ersten liegen (also nicht parallel). Die oberste Lage mit einem umgedrehten hitzebeständigen Teller, der kleiner ist als der Topf, bedecken und den Teller möglichst noch mit einem Gewicht beschweren, damit er sich nicht heben kann.

◆

Die Zutaten für die Sauce in einem Schälchen zusammenrühren und seitlich in den Topf zu den Weinblätterpäckchen gießen. Diese müssen von der Sauce vollständig bedeckt sein – ist das nicht der Fall, gießen Sie noch Wasser nach.

◆

Das Ganze zum Kochen bringen. Die Hitze reduzieren und etwa 1–1 1/2 Stunden sanft köcheln lassen, bis die Weinblätter weich sind (Garprobe bei einem Päckchen machen).

◆

Den Topf vom Herd nehmen, abkühlen lassen, Teller und Gewicht entfernen. Die abgekühlten gefüllten Weinblätter auf einer Platte anrichten und mit den Zitronenspalten garnieren.

lahana dolmasi
Mit Reis und Pinienkernen gefüllte Kohlblätter

Dieses herzhafte Gericht aus der Türkei schmeckt kalt oder warm gleich gut.

1 Weißkohlkopf von 1–1,5 kg

Für die Füllung
3 EL Pflanzenöl
2 Zwiebeln, fein gehackt
100 g Langkornreis, gewaschen und sorgfältig abgetropft
1 EL Pinienkerne | 1 EL Mandeln, blanchiert und grob gehackt
1 EL Rosinen
1/2 TL Piment | 1 Prise Paprika | 1 1/2 TL Salz | 1/2 TL schwarzer Pfeffer
225 ml Wasser | Saft von 1 Zitrone

Zum Garnieren
2 EL Petersilie, fein gehackt | Zitronenspalten

Den Kohlkopf 7–8 Minuten in kochendem Salzwasser garen, herausheben, das Wasser auf dem Herd lassen. Die Blätter nach und nach ablösen und in ein Sieb legen. Sobald das Ablösen schwierig wird, den Kohl nochmals kurz kochen und weitere Blätter abziehen. Die kleinen inneren Blätter beiseite legen.

♦

Die Zwiebeln in heißem Öl glasig anschwitzen, Reis, Pinienkerne und Mandeln zufügen und unter ständigem Rühren weitergaren, bis die Kerne goldbraun sind. Rosinen, Gewürze und Wasser zugeben und zum Kochen bringen. Die Hitze reduzieren und den Reis zugedeckt so lange garen, bis alle Flüssigkeit aufgesogen ist. Vom Herd nehmen, die Hälfte des Zitronensaftes unterrühren, beiseite stellen.

♦

Zum Füllen jeweils ein Kohlblatt mit den Blattadern oben vor sich hinlegen. Den Strunk herausschneiden. Die Kohlblätter genauso wie bei den Weinblättern beschrieben (siehe Seite 73) füllen, zusammenrollen, dicht an dicht im Topf platzieren und mit dem restlichen Zitronensaft beträufeln. Die Kohlrouladen vollständig mit Wasser bedecken, mit einem Teller beschweren und zum Kochen bringen. Die Hitze reduzieren und die Kohlrouladen etwa 1 Stunde garen. Falls nötig, etwas Wasser seitlich nachgießen.

♦

Die gefüllten Kohlblätter herausnehmen, abkühlen lassen und auf einer Servierplatte anrichten. Mit Petersilie und Zitronenspalten garniert servieren.

imam bayıldı
gefüllte Auberginen

»Eher sieht man einen Toten weinen, als einen Imam ein üppiges Mahl verschmähen.«
Türkisches Sprichwort

Imam bayıldı, zu Deutsch: »Der ohnmächtige Imam«, ist einer der großen Klassiker der osmanischen Küche. »Osmanisch« sagen wir hier ganz bewusst, denn es gibt einen heftigen Streit über den Ursprung dieses Gerichts. Die Griechen pochen darauf, dass es natürlich »ihr ureigenes« sei – jeder Kurde oder Armenier, der etwas auf sich hält, allerdings auch.
Genauso gehen die Meinungen darüber auseinander, warum der Imam – gemeint ist die Schelmenfigur Nasreddin Hoca aus den mittelalterlichen Schwänken – nach dem Genuss dieser Speise in Ohnmacht fiel. Die einen sagen: vor Entzücken. Die anderen, weil seine Frau zu viel teures Olivenöl verwendet hatte.

Hier eine Version der Geschichte, wie sie seit Jahrhunderten im südwestanatolischen Akşehir kursiert – eben jenem Ort, an dem Nasreddin Hoca gelebt und gewirkt haben soll:
»Eines Tages war Hoca im Hause eines Popen eingeladen. Dessen Frau hatte das köstliche Auberginengericht bereitet – mit Paprika, Zwiebeln, Tomaten und herrlichen Spezereien gefüllt und in feinstem Olivenöl gegart. Da bei den Christen gerade Fastenzeit war und somit Fleisch, Geflügel oder Fisch tabu, trug die Frau nur diese einzige Speise auf. Nun, Nasreddin aß und aß und aß und aß und beschwerte sich zu Hause bei seiner Frau: Es sei von Allah doch ungerecht, den Christen zu erlauben, so ein köstliches Gericht zu erfinden, bloß wegen der Fastenzeit. »Effendi«, fragte Nasreddins Frau, »willst du etwa bloß wegen eines Essens Christ werden?« »Allah bewahre«, sagte der Hoca, »obwohl: Allein der Gedanke an dieses Gericht könnte manch einen in Versuchung führen. Drum habe ich dem Popen das Rezept abgeschwatzt. Hier ist es, Frau, und nun koch es nach fürs Abendessen.«

Eben jenes Rezept wollen wir hier verraten, allerdings mit nicht ganz so viel Olivenöl …

4 mittelgroße Auberginen mit Stielansatz
6 EL Olivenöl
2 Zwiebeln, in feine Scheiben geschnitten
2 grüne Paprika, entkernt und in feine Ringe geschnitten
2 große Knoblauchzehen, grob gehackt
2 reife Tomaten, in Scheiben geschnitten
3 EL Tomatenmark
2 TL Salz | 1/2 TL Cayennepfeffer | 1 TL Piment
2 EL Petersilie, gehackt
12 EL Pflanzenöl
450 ml Wasser

Zum Garnieren
Petersilie, gehackt

Jede Aubergine der Länge nach etwa 5 cm tief einschneiden. Die Innenseiten mit Salz einreiben und 15 Minuten ziehen lassen.

♦

Inzwischen das Olivenöl in einem großen Topf erhitzen. Zwiebeln, Paprika und Knoblauch anschwitzen, bis die Zwiebeln glasig sind. Tomaten, Tomatenmark, Salz, Cayennepfeffer und Piment dazugeben und unter gelegentlichem Rühren 5 Minuten köcheln lassen. Die Petersilie unterrühren und den Topf sofort vom Herd nehmen.

♦

Die Auberginen unter kaltem Wasser abspülen und außen wie innen sorgfältig trocken tupfen.

♦

Das Öl in einer Bratpfanne erhitzen und die Auberginen unter mehrmaligem Wenden sanft garen, bis das Fruchtfleisch eben weich ist. Dabei darauf achten, dass die Auberginen ihre schöne Form behalten und nicht zerfallen. Die Auberginen mit einem Schaumlöffel aus der Pfanne heben und nebeneinander in eine feuerfeste Form legen. Das Gemüse an den Schnittstellen vorsichtig auseinanderdrücken und mit einem Löffel jeweils ein wenig von der Zwiebel-Paprika-Tomaten-Masse einfüllen. Die übrige Mischung mit dem Wasser verdünnen und über den Auberginen verteilen. Im vorgeheizten Backofen bei 190 °C (Gas Stufe 5) etwa eine Stunde garen.

♦

Die Form aus dem Ofen nehmen und abkühlen lassen. Das Gemüse auf eine Platte legen und bis zum Anrichten kühl stellen. Mit der Petersilie bestreut servieren.

ghalieh esfanaj
Linsen mit Spinat und Granatapfelsaft

Dieses einfache Gericht von der Küstenregion des Kaspischen Meers im Nordiran ist ebenso würzig wie köstlich. Reichen Sie dazu ein Pilaw und Joghurt.

ಽಂಡ

175 g Linsen, gewaschen
700 g frischer Blattspinat (oder 450 g TK-Blattspinat)
2 EL Butter
1 Zwiebel, in feine Scheiben geschnitten
1 TL Salz
3 EL Granatapfelsaft

ಽಂಡ

Einen großen Topf zur Hälfte mit Wasser füllen und zum Kochen bringen. Die Linsen etwa 30 Minuten kochen, bis sie weich sind. Abtropfen lassen und beiseite stellen.

♦

Frischen Spinat sorgfältig waschen und putzen, Tiefkühlspinat auftauen und gut ausdrücken. Den Spinat dann grob hacken.

♦

Die Butter in einem Topf zerlassen und die Zwiebeln unter Rühren goldgelb anschwitzen. Den Spinat zufügen, umrühren und den Topf zudecken. Die Hitze reduzieren und den Spinat 5 Minuten dünsten.

♦

Linsen, Salz und Granatapfelsaft unterrühren, den Topf wieder zudecken und weitere 5 Minuten köcheln lassen.

♦

In eine Schüssel füllen und sofort servieren.

badenjan mahshi bi tamar
Mit Datteln gefüllte Auberginen

Ein faszinierendes Rezept aus Babylon – das irakische Städtchen liegt in direkter Nachbarschaft zur historischen Hauptstadt, deren Hängende Gärten eines der Sieben Weltwunder waren. Datteln und Haselnüsse sind – mal abgesehen vom Erdöl – die wichtigsten Produkte des Landes. In diesem Rezept werden sie trefflich kombiniert.
Servieren Sie das Gericht mit einem Pilaw Ihrer Wahl oder als Beilage zu Geflügel.

❧☙

4 mittelgroße Auberginen, geschält
5–6 EL Butter oder Butterschmalz
1 Zwiebel, fein gehackt
1 Knoblauchzehe, zerdrückt
1 große grüne Paprika, entkernt und in feine Ringe geschnitten
3–4 Champignons, in feine Scheiben geschnitten
2 große Tomaten, blanchiert, gehäutet und grob gehackt
8 steinlose Datteln, in feine Scheiben geschnitten
3 EL Haselnüsse, grob gehackt, oder Mandelblättchen
1/2 TL Salz
1 Prise Kurkuma
3–4 EL Orangen- oder Apfelsaft

❧☙

Jede Aubergine der Länge nach halbieren, auf einem Backblech auslegen und im vorgeheizten Backofen bei 200 °C (Gas Stufe 5) backen, bis das Fruchtfleisch weich ist. Herausnehmen und etwas abkühlen lassen. Die Früchte mit einem Löffel aushöhlen, sodass eine 6 mm dicke Wand stehen bleibt. Das ausgehöhlte Fruchtfleisch beiseite stellen.

♦

Die Butter in einem Topf zerlassen und die Zwiebeln glasig anschwitzen. Knoblauch, Paprika, Pilze und Tomaten hinzufügen, gut umrühren und etwa 5 Minuten anbraten. Das Auberginen-Fruchtfleisch klein hacken und dazugeben. Alle übrigen Zutaten hinzufügen und unter häufigem Rühren weitere 3–4 Minuten köcheln lassen. Dann vom Herd nehmen.

♦

Eine große flache Backform einfetten und darin die ausgehöhlten Auberginenhälften nebeneinander auslegen. Die Dattel-Nuss-Masse in die Auberginen füllen und im vorgeheizten Backofen bei 190 °C (Gas Stufe 5) 12–15 Minuten überbacken. Heiß servieren.

tapoukhai adama im tered
Kartoffeln mit Spinat-Füllung

Als Beilage zu gegrilltem Fleisch oder zu Kebabs wird dieses Gemüse in Israel oft mit Sughtorov-madzoon – Knoblauch-Joghurt-Sauce – auf den Tisch gebracht. Es ist auch eine köstliche Vorspeise.

❧❦

4 große Kartoffeln, geschält

Für die Füllung
25 g Butter
1 Zwiebel, fein gehackt
250 g frischer Blattspinat, sorgfältig gewaschen und geputzt
4 EL Brühe | 1/2 TL Piment
1 hart gekochtes Ei, geschält und grob gehackt
1 TL Salz
1/2 TL schwarzer Pfeffer
2 EL (Matzen-)Mehl (nach Belieben)
Frittieröl

Zum Garnieren
grüne Salatblätter, fein gehackt
1 Prise Paprika

Zum Servieren
Sughtorov-madzoon, siehe Seite 59

❧❦

Die Kartoffeln in einem Topf mit Wasser zum Kochen bringen und etwa 10 Minuten köcheln lassen. Abgießen und abkühlen lassen, bis man die Kartoffeln anfassen kann.

♦

Inzwischen die Butter in einem Topf zerlassen und die Zwiebeln glasig anschwitzen. Den Spinat gut ausdrücken und klein hacken, dann mit der Brühe zu den Zwiebeln geben. 5–7 Minuten garen. Piment einrühren und alle Flüssigkeit, die nicht verdampft ist, abgießen. Den Spinat in einer Schüssel mit Eiern, Salz, Pfeffer und Mehl gut vermischen.

♦

Die Kartoffeln der Länge nach halbieren und bis auf einen 12 mm dicken Rand aushöhlen, dann mit der Spinatmischung füllen. In einer großen Bratpfanne reichlich Öl erhitzen und die Kartoffeln goldbraun braten. Auf einer Platte die Salatblätter ausbreiten, die Kartoffeln daraufsetzen und mit Knoblauch-Joghurt-Sauce beträufeln. Mit Paprika bestreut servieren.

patates plaki
kartoffel-plaki

Ob Gemüse, Fisch, Hähnchen oder Muscheln: Plaki werden warm zubereitet und kalt gegessen. Das folgende Kartoffelgericht aus der Türkei schmeckt zu Pitabrot und gebratenen Auberginen oder Zucchini hervorragend.

4 Kartoffeln, geschält und in Scheiben geschnitten
1 große Karotte, geschält und gewürfelt
1 Stange Staudensellerie, gewürfelt
1 große Tomate, blanchiert, gehäutet und grob gehackt
2 Knoblauchzehen, fein gehackt
2 EL Petersilie, fein gehackt
1 EL frischer Dill, fein gehackt, oder 1/2 TL getrocknete Dillspitzen
1 TL Salz
1/2 TL schwarzer Pfeffer
360 ml Wasser
2–3 EL Olivenöl

Zu Garnieren
Salatblätter, gewaschen und trocken getupft
Zitronenspalten

Kartoffeln, Karotte, Sellerie, Tomate, Knoblauch, Petersilie und Dill in einem großen Topf locker vermischen. Salz, Pfeffer und Wasser zugeben. Den Topf zudecken und alles bei kleiner Hitze sanft köcheln lassen, bis das Gemüse noch nicht ganz bissfest ist. Falls nötig, etwas Wasser nachgießen.

◆

Den Deckel abnehmen, das Olivenöl dazugeben und das Gemüse weitere 10 Minuten garen. Vom Herd nehmen und abkühlen lassen.

◆

Die Salatblätter am äußeren Rand einer großen Platte hübsch auslegen und das Plaki in die Mitte häufen. Mit Zitronenspalten garniert servieren.

sehki itzoog
mit hackfleisch gefüllte melone

Dies ist ein Klassiker der armenischen Küche – duftend und delikat. Die Spezialität stammt aus der Gegend um Van in Westarmenien und wird manchmal auch mit Kürbis zubereitet. Reis oder ein Bulgur-Pilaw passt sehr gut dazu.

☙❧

1 große Melone (zum Beispiel Cantaloupe- oder Honigmelone)

Für die Füllung
2 EL Pflanzenöl
1 kleine Zwiebel, fein gehackt
225 g Lamm- oder Rinderhackfleisch
75 g Langkornreis, gewaschen und abgetropft
50 g Pinienkerne
50 g Rosinen
1/2 TL Zimt
1 TL Zucker
300 ml Wasser oder Brühe
Salz und Pfeffer

☙❧

Die Melone waschen. Vom Oberteil etwa 2,5 cm abschneiden und als Deckel beiseite stellen. Die Kerne herauskratzen. Mit einem scharfen Löffel oder Melonenausstecher etwa 250 g Fruchtfleisch aus der Frucht kratzen und grob hacken.

♦

Für die Füllung das Öl in einer hohen Pfanne erhitzen und Zwiebeln und Gehacktes unter häufigem Rühren braten. Alle anderen Zutaten sowie das Melonen-Fruchtfleisch unterrühren und so lange köcheln lassen, bis alle Flüssigkeit verdampft ist. Abkühlen lassen und in die ausgehöhlte Melone löffeln. Den Melonen-Deckel daraufsetzen und mit Holz-Zahnstochern feststecken.

♦

Die Melone auf ein gefettetes Backblech oder, besser, in eine ofenfeste Form, die gerade groß genug ist, setzen. Im vorgeheizten Backofen bei 180 °C (Gas Stufe 4) etwa eine Stunde eben weich garen. In Spalten geschnitten servieren.

yumurtalı lahana
weißkohl mit milch und eiern

Ein wunderbares Rezept aus der Türkei, das aus einfachem Kohl eine fantastische Mahlzeit macht – ein eigenständiges, sättigendes Hauptgericht.
Reichen Sie grünen Salat dazu.

❧❦

400–500 g Weißkohl, fein gehobelt
1 1/2 TL Salz
120 ml Milch
4 Eier
1/4 TL schwarzer Pfeffer
2 EL frische Semmelbrösel

Zum Garnieren
1 TL Paprika

❧❦

Weißkohl waschen und abtropfen lassen. Eine große, tiefe, ofenfeste Pfanne mit Öl bestreichen. Den Kohl hineingeben, mit 1 Teelöffel Salz bestreuen und die Milch darübergießen. Das Gemüse zugedeckt weich dünsten, dabei ab und zu umrühren.

♦

Die Eier mit dem restlichen Salz, dem Pfeffer und den Semmelbröseln in einer kleinen Schüssel verrühren. Die Mischung vorsichtig unter den Kohl rühren. Zudecken und die Eiermischung bei mäßiger Hitze 2–3 Minuten stocken lassen.

♦

Die Pfanne etwa 1 Minute unter den heißen Grill schieben, bis die Oberfläche leicht bräunt. Das Gemüse mit Paprika bestreuen und in eine Servierschüssel gleiten lassen oder gleich in der Pfanne heiß servieren.

Eierspeisen

Schon in Mesopotamien und im alten Ägypten hatten Eier kultische Bedeutung im Zusammenhang mit Erneuerung und Wiedergeburt – eine Symbolik, die später in christliche wie muslimische Rituale übernommen wurde. Die Sitte, hart gekochte Eier kunstvoll zu bemalen oder wenigstens bunt zu färben, ist nicht nur eine christliche Ostertradition, sondern wird auch bei Muslimen am Geburtstag des Propheten Mohammed praktiziert.

Im Alltag sind hart gekochte Eier im gesamten Nahen und Mittleren Osten ein stets willkommener Imbiss für zwischendurch. Anders als bei uns, werden sie dort oft zusätzlich frittiert und anschließend in eine Mischung aus Salz und Kreuzkümmel getippt. Betza Sabra, eine feine Variante aus Israel, ist ein besonders schönes Beispiel für frittiertes Ei.

Kaum zu übertreffen sind die berühmten Kookoos (persisch) oder Eggah (arabisch): omelettartige Eierspeisen, die von Persien aus Einzug in die Küche des Mittleren und Nahen Ostens gehalten haben. Bis zu fünf Zentimeter hoch können diese Prachtstücke sein. Gefüllt mit Kräutern, Gemüse, Fleisch oder Geflügel, sind sie, mit Joghurt, Brot und Salat als Beilage, ein eigenständiges Hauptgericht. Genauso gerne aber werden sie als Mezze gereicht. Syrer und Armenier bevorzugen bei der Zubereitung Olivenöl, besonders wenn die Pfannkuchen kalt serviert werden, die Iraner bereiten ihre Kookoos lieber mit Ghee (Butterfett).

< *Wandverkleidung im Gebetsraum der kleinen Muradiye-Moschee in Edirne, Türkei (1435/36).*

yumurtalı incir
omelett mit feigen

Feigen-Omelett? Diese Kombination ist im Orient gar nicht so ungewöhnlich. In der türkisch-armenischen Küche zum Beispiel variiert man diese Eierspeise auch mit Kirschen, Äpfeln und Quitten und gibt noch Kräuter und Nüsse dazu. Ein anderes köstliches Rezept aus Armenien, Tzirani Tzvadzegh, verwendet in feine Scheiben geschnittene Trockenaprikosen plus verquirlte Eier, 1/2 Teelöffel Zimt, 1 Esslöffel fein gehackte Pistazien und 1 Esslöffel Rosinen.
Für das folgende Rezept aus der Türkei können Sie frische, aber auch getrocknete Feigen verwenden. Salate, Brot und eingelegte Gemüse passen sehr gut dazu.

☙❧

8 Eier
4 EL Sahne oder Milch
1/2 TL Salz
60 g Butter
175 g frische oder getrocknete Feigen, in schmale Streifen geschnitten oder gehackt

☙❧

Die Eier in einer Schüssel nur leicht verquirlen, dann Sahne und Salz unterrühren.

♦

Die Butter in einer Pfanne zerlassen, die Feigen unter gelegentlichem Rühren 4–5 Minuten garen.
Die Eiermasse darauf verteilen und bei milder Hitze stocken lassen. Sofort heiß servieren.

88

mirza ghassemi
Auberginen-Rührei

Nach einem persischen Dichter und Philosophen aus dem 18. Jahrhundert benannt, ist dies eine Spezialität aus der Provinz Gilan im nordöstlichen Iran am Kaspischen Meer. Reichen Sie dazu heißes Fladenbrot, eingelegte Gemüse und Salat.

2 mittelgroße Auberginen
50 g Butter
6 Knoblauchzehen, fein gehackt
1 große Zwiebel, fein gehackt
1 TL Kurkuma
1 TL Salz
1/2 TL schwarzer Pfeffer
1 Tomate, blanchiert, gehäutet und fein gehackt
4 Eier, kräftig miteinander verquirlt

Jede Aubergine zwei- bis dreimal einritzen und so lange in den heißen Backofen legen, bis die Schale schwarz wird und auf Fingerdruck nachgibt. Die Auberginen so heiß wie möglich schälen und alles Fruchtfleisch auskratzen. Das Fruchtfleisch in einer Schüssel mit der Gabel zerdrücken.

♦

Die Butter in einer großen Bratpfanne zerlassen, Knoblauch und Zwiebeln ein paar Minuten weich garen. Kurkuma und das Auberginenpüree sorgfältig unterrühren. Mit Salz, Pfeffer und Tomate bei kleiner Hitze etwa 5 Minuten köcheln lassen. Nun die verquirlten Eier auf der Mischung verteilen. Unter gelegentlichem Rühren oder Wenden die Eier gerade eben stocken lassen. Sofort heiß servieren.

kookoo-ye-sabzi
persisches Kräuteromelett

Kookoos sind sehr dicke, schwere Omeletts oder Eierkuchen, die es im Iran in unzähligen Varianten gibt. Kookoo-ye-sabzi ist die berühmteste von allen. Das Gericht wird traditionell am Neujahrstag – Norouz – serviert. Die Fülle frischer Kräuter symbolisiert Glück und Erfolg im neuen Jahr.
Sie können alle möglichen Kräuter verwenden und immer wieder neue Varianten ausprobieren, zum Beispiel mit Kerbel, Estragon und vielen anderen als in unserem Rezept aufgeführten Kräutern.

❧☙

40 g Butter
2 Salatblätter, fein gehackt
6 Frühlingszwiebeln, fein gehackt
2 Lauchstangen, sorgfältig gewaschen, geputzt und fein gehackt
6 EL Petersilie, fein gehackt
3 EL Koriandergrün, fein gehackt
6 Eier
3 EL frische Spinatblätter, fein gehackt
1/2 TL Kurkuma
1/4 TL Zimt
1/2 TL Dillspitzen
1 TL Salz
1/4 TL schwarzer Pfeffer
3 EL Walnüsse, gehackt
2 EL Rosinen oder Sultaninen

❧☙

Die Hälfte der Butter in einer großen Pfanne zerlassen. Salat, Frühlingszwiebeln, Lauch, Petersilie, Koriander und Spinat unter häufigem Rühren 5 Minuten anbraten.

♦

Inzwischen die Eier in eine Schüssel geben und alle übrigen Zutaten bis auf die Butter gut unterrühren. Mit der restlichen Butter Boden und Ränder einer feuerfesten Form ausstreichen. Die Eiermischung hineingießen und mit dem Pfannengemüse vermischen. Auf der mittleren Schiene im vorgeheizten Backofen bei 180 °C (Gas Stufe 4) etwa 45 Minuten backen, bis die Oberfläche zart goldbraun ist.

♦

Aus der Form nehmen, in Stücke schneiden und heiß oder kalt servieren.

betza sabra
sabra-eier

Sabra (hebräisch Abar bzw. Tzabar) werden – in Analogie zum stacheligen Feigenkaktus – in Israel alle genannt, die nach 1948 im Land geboren sind. Das nachfolgende Rezept erfordert etwas Sorgfalt, es ist aber ganz einfach, und die Mühe lohnt sich unbedingt. Sabra-Eier sind köstliche Appetithäppchen.

4 hart gekochte Eier
2 EL Tahiniyeh (siehe Rezept Seite 36)
1 Ei, verquirlt
1/2 TL Worcestershiresauce
4–5 Kekse, sehr fein zerkrümelt
Öl zum Braten
4 Salatblätter

Zum Garnieren
schwarze Oliven, Tomatenscheiben, Gewürzgürkchen, 1/2 TL Paprika

Die Eier schälen und längs halbieren. Die Eigelbe vorsichtig herausnehmen und in einem Schälchen mit der Tahina-Sauce cremig rühren. Diese Mischung in jeweils eine Eihälfte füllen und die andere Eihälfte wieder daraufsetzen.

♦

Das verquirlte Ei mit der Worcestershiresauce vermischen, die gefüllten Eier vorsichtig hineintauchen und anschließend mit den Kekskrümeln rundum dick panieren.

♦

Etwas Öl in einer kleinen Pfanne erhitzen, jeweils zwei Eier behutsam hineinlegen und unter sehr vorsichtigem Drehen und Wenden rundherum goldbraun frittieren. Die Salatblätter auf vier Tellern auslegen und jeweils ein Ei in die Mitte setzen. Mit Oliven, Tomatenscheiben und Gürkchen garnieren und mit etwas Paprika bestreuen.

udschat al-qarnabit
Blumenkohl-Omelett

»Schlag das Ei mit einem Stein, und es zerbricht.
Schlag den Stein mit einem Ei, und es zerbricht genauso.«

Dieses syrische Gericht ist in allen arabischen Ländern als schnelles, leckeres Mittagessen beliebt. Dazu passen Salat, Brot, eingelegte Gemüse und auch in Scheiben geschnittenes kaltes Fleisch.

40 g Butter
1 kleine Zwiebel, fein gehackt
250 g Blumenkohlröschen, in möglichst kleine Stücke gebrochen
2 Frühlingszwiebeln, fein gehackt
3 EL Petersilie, fein gehackt
4 Eier
150 ml Milch
1 TL Salz
1/4 TL schwarzer Pfeffer
1 Prise Muskat

Zum Garnieren
1/2 TL Paprika

Die Hälfte der Butter in einer Pfanne zerlassen. Zwiebeln, Blumenkohl und Frühlingszwiebeln ein paar Minuten anbraten, bis die Zwiebeln weich sind. Vom Herd nehmen und die Petersilie unterrühren.

Eier und Milch in einer Schüssel verquirlen, mit Salz, Pfeffer und Muskat würzen. Die Blumenkohlmischung in die Eiermilch geben.

Die restliche Butter in einer feuerfesten Form zerlassen und die Gemüse-Ei-Masse hineingießen. Auf der mittleren Schiene im vorgeheizten Backofen bei 190 °C (Gas Stufe 5) etwa 30 Minuten überbacken, bis das Gratin eine goldbraune Farbe annimmt. Mit Paprika bestreut servieren.

kookoo-ye-sibzamini
Kartoffel-Eier-Auflauf

Es gibt viele Variationen dieses beliebten Gerichts, zum Beispiel mit anderem Gemüse als Kartoffeln, etwa mit Zwiebeln, Estragon oder Spinat. Am Kaspischen Meer bevorzugt man frische Pilze, und im Irak bereitet man Udscha bi-Batata so: Kartoffeln in feinen Scheiben mit Zwiebeln und Tomaten 15 Minuten in Ghee (Butterfett) braten, dann die Eier mit 1 Teelöffel Salz, 1/2 Teelöffel Kurkuma, 1/2 Teelöffel schwarzem Pfeffer und 1/2 Teelöffel Kümmel verrühren und auf die Kartoffeln geben. In der Pfanne bei kleiner Hitze 30–40 Minuten stocken lassen.
Das folgende Rezept stammt aus Shiraz im Iran.

2 große Kartoffeln, geschält
50 g Butter
6 Eier, gut miteinander verquirlt
4 Frühlingszwiebeln, fein gehackt
2 EL Petersilie, fein gehackt
1 TL getrocknete Dillspitzen
1 TL Salz
1/2 TL schwarzer Pfeffer

Zum Garnieren
1 TL Paprika

Die Kartoffeln in Salzwasser kochen, abgießen und zerstampfen. Die Hälfte der Butter, die Eier, Zwiebeln, Petersilie, Dill, Salz und Pfeffer untermischen und zu einer cremigen Masse verrühren.

♦

Die restliche Butter in einer ofenfesten Form zerlassen und auch die Ränder der Form damit bestreichen. Die Eier-Kartoffel-Mischung hineingeben und glatt streichen. Bei 180 °C (Gas Stufe 4) im vorgeheizten Backofen etwa 45 Minuten überbacken, bis sich die Oberfläche goldbraun färbt.
Mit Paprika bestreut servieren.

fisch

Von den etlichen Hundert Fischarten, die im Nahen und Mittleren Osten auf dem Markt sind, landen rund drei Dutzend ausgesprochen häufig im Einkaufskorb, Krusten- und Schalentiere und natürlich auch Süßwasserfische mit eingeschlossen. Meeräsche und Rotbarbe, Brasse, Wolfsbarsch, Schwertfisch, Karpfen und Forelle sind auch bei uns überall marktfrisch im Angebot.

Eine sehr beliebte Garmethode im Mittleren Osten ist das Grillen über Holzkohle, wobei der Fisch zuvor immer mariniert wird. Bei den Marinaden gibt es deutliche regionale Unterschiede, wie die folgenden Beispiele zeigen. Armenien: Öl, Knoblauch, Salz, Lorbeerblätter, abgeriebene Orangenschale; Kaukasus: Granatapfelsaft, Zitronensaft, Salz, Pfeffer, Joghurt; Syrien: Öl, Zitronensaft, Knoblauch, Salz, Pfeffer, gemahlener Koriander, Lorbeerblätter; Türkei: Bier, Schnittlauch, Petersilie, Senfkörner, Knoblauch, Salz, Pfeffer, Oregano … In den Golfregionen schließlich werden getrocknete Datteln mit etwas Wasser püriert und auf dem Fisch verteilt. In manchen Regionen streut man zum Aromatisieren auch noch Kräuter auf die glühende Holzkohle.

Die zweite bevorzugte Garmethode ist das Braten oder Schmoren in Pfanne, Topf und Ofen. Das einfachste Rezept: pro 500 g Fisch 150 ml Öl erhitzen, den Fisch beidseitig braten, danach einfach abtropfen lassen, mit Salz, Petersilie und Zitronensaft würzen. Das ist einfach und immer gut. Kulinarischen Hochgenuss versprechen darüber hinaus die unterschiedlichsten Füllungen und Saucen.

< Keramiktafel vom Eingang zum Mausoleum des Najm ad-Din Kubra in Kuhna Urgench, Turkmenistan (1321–1333).

kılıç şişte
schwertfisch-kebab mit tarator

Im Schwarzen wie im Mittelmeer kommt der Schwertfisch häufig vor, besonders beliebt ist er in der Türkei. Hier wird er, zuvor mariniert, über Holzkohle gegrillt. Man kann auch Heilbutt, Dorsch oder Kabeljau verwenden. Dazu passen Tarator, eine köstliche Knoblauch-Walnuss-Sauce (siehe Seite 100), und Reis.

900 g Schwertfisch (in dicken Scheiben)

Für die Marinade
1 Zwiebel, in 1/2 cm dicke Scheiben geschnitten und dann in Ringe zerlegt
3 EL Zitronensaft
2 EL Pflanzenöl
1 1/2 TL Salz
1 TL Paprika
1/2 TL schwarzer Pfeffer
etwa 20 große Lorbeerblätter

Zum Garnieren
1–2 EL Petersilie, fein gehackt

Den Fisch häuten, die Gräten entfernen und das Fischfleisch in 2,5 cm dicke Würfel schneiden. Zwiebeln, die Hälfte des Zitronensafts, 1 Esslöffel Öl, Salz, Paprika und Pfeffer in einer großen Schüssel vermengen. Die Fischstücke locker unterheben, sodass sie rundum mit der Marinade benetzt sind. 2–3 Stunden bei Zimmertemperatur ziehen lassen. Inzwischen die Lorbeerblätter in kochendes Wasser werfen, 1/2–1 Stunde im Wasser ziehen lassen und abtropfen.

♦

Die Fischstücke abwechselnd mit den Lorbeerblättern auf Spieße stecken und eng zusammenschieben, damit die Lorbeerblätter ihr Aroma an den Fisch abgeben können. Den restlichen Zitronensaft mit dem restlichen Öl verrühren, die Fischspieße rundum damit bestreichen. Die Kebabs über Holzkohle unter häufigem Wenden und Einstreichen mit der Zitronen-Öl-Mischung etwa 10 Minuten goldbraun grillen.

tarator
knoblauch-walnuss-sauce

ଛଦ

100 g Walnüsse
3 Knoblauchzehen
1/2 TL Salz
2 Scheiben Weißbrot, ohne Rinde
2 EL Zitronensaft
Olivenöl

Zum Garnieren
1 EL Petersilie, gehackt

ଛଦ

Die Walnüsse zusammen mit Knoblauch und Salz in einem Mörser zerstampfen. Das Brot in wenig Wasser einweichen und ausdrücken. In einer Schüssel mit der Nuss-Knoblauch-Paste gründlich vermischen. Dabei nach und nach Zitronensaft und so viel Öl unterrühren, dass eine dicke, cremige Sauce entsteht. In einzelnen Schälchen mit Petersilie bestreut zum Hauptgericht servieren.

sayyadiya
Heilbutt mit Schmorreis

Eine arabische Spezialität mit vielen Variationen – mal werden Fisch und Reis getrennt, mal – wie im folgenden Rezept – zusammen zubereitet. Dazu passt eine Schüssel grüner Salat.

50 g Butter
900 g Heilbutt, in Scheiben, diese jeweils halbiert
2 EL Zitronensaft
1/2 TL Salz | 1/4 TL schwarzer Pfeffer
2 EL Petersilie, fein gehackt

Für den Schmorreis
6 EL Pflanzenöl
1 Zwiebel, fein gehackt
2 EL Pinienkerne | 1 EL Rosinen oder Sultaninen | 1/2 TL Piment
250 g gekochter Safranreis (siehe Seite 150)
2 EL Zitronensaft
2 EL Petersilie, fein gehackt
1 TL Salz | 1/2 TL schwarzer Pfeffer

Für die Sauce
4 EL Pflanzenöl
1 EL Pinienkerne | 1 EL getrocknete Minze
1 EL Zitronensaft | 1/2 TL Kreuzkümmel

In einem Backblech die Hälfte der Butter zerlassen. Die Fischstücke hineinlegen, mit Zitronensaft beträufeln und mit Salz, Pfeffer und Petersilie bestreuen. Die restliche Butter in Flöckchen darauf verteilen. Im vorgeheizten Backofen bei 160 °C (Gas Stufe 3) so lange garen, bis sich das Fischfleisch leicht ablösen lässt. Aus dem Ofen nehmen, abkühlen lassen, dann alle Gräten sorgfältig entfernen.

♦

Für den Schmorreis das Öl in einem großen Topf erhitzen und die Zwiebeln glasig anschwitzen. Alle weiteren Zutaten sorgfältig daruntermischen. Die Hälfte dieser Mischung auf dem Boden einer großen flachen Auflaufform verteilen, darauf die Hälfte der vorbereiteten Fischstücke legen, nun wieder eine Schicht Reis und obenauf den restlichen Fisch verteilen.

♦

Für die Sauce das Öl in einer kleinen Bratpfanne erhitzen und Pinienkerne, Minze, Zitronensaft und Kreuzkümmel unter häufigem Umrühren rösten, bis die Pinienkerne eine goldbraune Farbe annehmen. Die Sauce auf dem Fisch verteilen und bei 190 °C (Gas Stufe 5) etwa 15 Minuten überbacken.

taparagan
Makrele mit Zwiebeln in würziger Tomatensauce

Makrele eignet sich sehr gut für dieses armenische Fischgericht, das mit Zwiebeln in würziger Tomatensauce gereicht wird. Man kann aber auch Forelle oder Rotbarbe nehmen. Dazu passen frittiertes, gebratenes oder geschmortes Gemüse, Pilaw und grüner Salat.

4 mittelgroße ganze Makrelen, küchenfertig

Für die Marinade
1 EL Tomatenmark
4 EL Pflanzenöl
4 EL Zitronensaft
1 TL Salz | 1 TL Piment | 1/2 TL Chilipulver

Für den Zwiebelsalat
1 gestrichener EL Tomatenmark
2 EL Olivenöl | 2 EL Zitronensaft
1 gestrichener TL Salz | 1 gestrichener TL Piment | 1/4 TL Chilipulver
2 große Zwiebeln, in feine Scheiben geschnitten
1 EL Petersilie, gehackt

Zum Garnieren
Zitronenspalten

Schwanz und Kopf der Makrelen abschneiden. Die Haupt-Rückengräte und so viele weitere Gräten wie möglich entfernen. Sorgfältig waschen und trocken tupfen. In einer flachen Schale alle Zutaten für die Marinade vermischen, die Makrelen innen und außen damit bestreichen und zugedeckt über Nacht in den Kühlschrank stellen.

♦

Zum Grillen die Makrelen auseinanderklappen. Auf dem leicht eingeölten Rost nebeneinander etwa 10–15 Minuten grillen, dabei ein- bis zweimal wenden.

♦

Inzwischen für den Salat Tomatenmark, Olivenöl, Zitronensaft, Salz, Piment, Pfeffer und Chilipulver in einer Salatschüssel verrühren. Die Zwiebelscheiben und die gehackte Petersilie locker untermischen.

♦

Die gegrillten Makrelen in die Mitte einer großen Platte legen, den Zwiebelsalat rundherum anrichten und das Ganze mit Zitronenspalten garnieren.

sourbour
Mit Kräutern gefüllte Forelle

In der iranischen Provinz Khuzestan, einem ehemaligen Emirat, leben heute noch schätzungsweise 4,5 Millionen Ahwazis, so heißt der arabisch sprechende Anteil der Bevölkerung. Sourbour ist eine ihrer Spezialitäten, die mit Pilaw oder Brot, Salat oder Gemüse serviert wird.

ෆ☙

4 mittelgroße Forellen oder Makrelen, küchenfertig, gewaschen und trocken getupft
2 EL Pflanzenöl

Für die Füllung
40 g Butter
2 EL Petersilie, fein gehackt
2 EL Estragon, fein gehackt
4 Frühlingszwiebeln, fein gehackt
1 EL süßes Basilikum (Thai-Basilikum)
1 EL Korianderblätter, fein gehackt
2 EL Minze, gehackt
2 EL Radieschenblätter, fein gehackt
2 EL Tamarindensaft
1/2 TL Salz
1/2 TL Kurkuma

Zum Garnieren
Zitronenspalten und Radieschen

ෆ☙

Zuerst die Füllung zubereiten: Die Butter in einer Pfanne zerlassen, alle Kräuter und die Frühlingszwiebeln 2–3 Minuten unter ständigem Rühren anschwitzen. Tamarindensaft, Salz und Kurkuma zufügen und weitere 2 Minuten mitbraten. Die Füllung vollständig in die Fische löffeln. Die Bauchöffnungen dann mit Zahnstochern oder Küchengarn verschließen.

♦

Das Öl auf einem großen Backblech erhitzen und die Fische darin wenden. Im vorgeheizten Backofen bei 200 °C (Gas Stufe 6) 20–25 Minuten garen und dabei ab und zu mit dem Bratsaft bestreichen.

♦

Zahnstocher oder Küchengarn entfernen und die Fische vorsichtig auf eine große Servierplatte legen, ohne dass sie auseinanderfallen. Mit Zitronenspalten und Radieschen garniert servieren.

levrek sultan murat
wolfsbarsch mit kartoffeln und artischocken

Auf dieses Gericht aus Izmir soll ein osmanischer Sultan so versessen gewesen sein, dass man es nach ihm benannte. Reichen Sie ein Pilaw und grünen Salat dazu.

700 g Wolfsbarschfilet (oder Heilbutt oder anderer Weißfisch)
2 große Kartoffeln, geschält und in 1,5 cm große Würfel geschnitten
5 EL Pflanzenöl
1/2 TL Salz
2 Artischocken
1/2 TL Salz
1 TL Zitronensaft | Saft von 1 großen Zitrone
3 EL Mehl, mit 1/2 TL Salz vermischt
10 EL Ghee (Butterfett) oder Pflanzenöl
6–8 Champignons, geviertelt
2 EL Petersilie, gehackt

Zum Garnieren
Zitronenspalten

Jedes Fischfilet in 6–8 Stücke zerteilen. Die Kartoffelwürfel in einem Topf mit Wasser zum Kochen bringen, nur zwei Minuten köcheln lassen und dann abtropfen lassen. Das Öl in einer Pfanne erhitzen, die Kartoffeln hinzufügen, mit 1/2 Teelöffel Salz bestreuen und unter gelegentlichem Wenden etwa 15 Minuten rundum goldbraun braten.

♦

Inzwischen von den Artischocken die unteren harten und alle unansehnlichen Blätter entfernen, den Stiel mit einem scharfen Messer abschneiden und die restlichen Blätter bis auf etwa 1,5 cm mit der Schere kappen. Die Artischocken der Länge nach vierteln, im Inneren die rosafarbenen Blättchen abziehen und das Heu entfernen. Die Artischockenviertel in einem Topf mit Wasser und 1/2 Teelöffel Salz sowie 1 Esslöffel Zitronensaft zum Kochen bringen und 15 Minuten sanft köcheln lassen.

♦

Die Fischstücke zuerst im Saft der ganzen Zitrone, dann in der Mehl-Salz-Mischung wenden. Das Butterfett oder das Öl in einer großen Pfanne erhitzen und die Fischstücke unter gelegentlichem Wenden 4–5 Minuten braten. Auf einer Servierplatte warm halten.

♦

Die Artischocken abtropfen und zusammen mit den Kartoffeln und den Champignons in die Bratpfanne geben und unter häufigem Rühren 3–4 Minuten sautieren. Zuletzt die Petersilie unterrühren und alles auf dem Fisch verteilen. Mit Zitronenspalten garniert sofort servieren.

hamsi tavası
sardellen mit reis

Trabzon und die türkische Küstenregion am östlichen Schwarzen Meer ist die Heimat dieser Spezialität, die bei den Lasen (so werden die Bewohner dieses Küstenstrichs genannt) sehr beliebt ist. Reichen Sie dazu frische Salate und selbst eingelegte Gemüse.

700 g frische Sardellen, geputzt und entgrätet
4 EL Salz
75 g Butter
1 Zwiebel, fein gehackt
250 g Langkornreis, gewaschen und gut abgetropft
600 ml kochendes Wasser
2 EL Haselnusskerne, halbiert, oder Mandelstifte, blanchiert
1 1/2 TL Zucker
1 EL Sultaninen
1/2 TL Piment
1 TL Salz | 1/2 TL Zimt | 1/2 TL schwarzer Pfeffer

Zum Garnieren
1/4 TL Dillspitzen
1/2 TL Paprika
1 EL Sumach (nach Belieben)

Die Sardellen in einem großen Gefäß auslegen, mit dem Salz bestreuen und beiseite stellen.

♦

In einem großen Topf 50 g der Butter zerlassen und die Zwiebeln glasig anschwitzen. Den Reis dazugeben und unter ständigem Rühren mit anschwitzen. Kochendes Wasser, Nüsse, Zucker, Sultaninen, Piment und die anderen Gewürze unterrühren. Zum Kochen bringen und 3 Minuten sprudelnd kochen lassen. Die Hitze reduzieren, den Topf zudecken und weitere 15–20 Minuten köcheln lassen, bis alle Flüssigkeit aufgenommen ist.

♦

Eine große ofenfeste Form einfetten. Die Sardellen unter kaltem Wasser abspülen, die Hälfte der Fische in einer Lage auf dem Boden der Form auslegen. Die Reismischung gleichmäßig darüber verteilen, dann die restlichen Sardellen darauflegen. Die restliche Butter zerlassen und über die Sardellen träufeln.

♦

Zugedeckt im vorgeheizten Backofen bei 190 °C (Gas Stufe 5) etwa 15–20 Minuten garen. Noch heiß mit Dill, Paprika und Sumach bestreut servieren.

dag memula im chatzilim
gefüllter fisch

Fast jeder ganze Fisch schmeckt hervorragend, wenn man ihn mit Früchten, Gemüse, Nüssen, Körnern und anderen Zutaten füllt. Vor allem die Griechen, Nordafrikaner, Armenier und Israelis haben hierzu fantastische Gerichte entwickelt.

Als Grundlage sind verschiedenste größere Fische gut geeignet, zum Beispiel Forelle, Wolfsbarsch (Loup de Mer), Rotbarbe, Makrele, Stör oder Karpfen. Der ganze Fisch muss sorgfältig ausgenommen, gewaschen und trocken getupft sein. Als Beilage passen Reis oder Bratkartoffeln und Salat.

Für das nachfolgende Rezept aus Israel wird traditionell Karpfen verwendet, man kann aber auch variieren.

☙❧

4 mittelgroße ganze Fische (Karpfen, Forelle, Kabeljau oder Rotbarbe)

Für die Marinade
2 TL Salz
1/2 TL schwarzer Pfeffer
Saft von 1 Zitrone
100 ml Pflanzenöl
2 Lorbeerblätter
1 Zwiebel, in feine Scheiben geschnitten

Für die Füllung
2 mittelgroße Auberginen
3 hart gekochte Eier, gehackt
50 g Feta, zerkrümelt
2 Knoblauchzehen, zerdrückt
1/4 TL Senf
1 TL Salz
1/2 TL schwarzer Pfeffer
1/2 TL Kurkuma
1 EL Mayonnaise
1 TL Zitronensaft
1 TL Olivenöl

Für das Gemüsebett
2 EL Pflanzenöl
2 Frühlingszwiebeln, in Scheiben geschnitten
2 Knoblauchzehen, zerdrückt
2 Tomaten, in Scheiben geschnitten
2 grüne Paprika, in schmale Streifen geschnitten

ℰ⊙ℛ

Für die Marinade alle Zutaten in einer großen flachen Schale vermischen, die Fische mehrmals darin wenden und mindestens 4–5 Stunden in der Marinade lassen.

♦

Inzwischen für die Füllung die Auberginen in den heißen Backofen oder unter den Grill legen, bis die Haut sich schwarz färbt und das Fruchtfleisch auf Fingerdruck nachgibt. Alles Fruchtfleisch aus der Schale kratzen, klein hacken und in eine Schüssel geben. Die anderen Zutaten für die Füllung dazugeben und sorgfältig untermischen. Die Fische aus der Marinade nehmen (diese aufbewahren) und in jeden Fisch einen Teil der Füllung löffeln.

♦

Für das Gemüsebett das Öl in einem Topf erhitzen und die Zwiebeln goldgelb anschwitzen. Knoblauch, Tomaten und grüne Paprika dazugeben und etwa 5 Minuten dünsten. Diese Mischung auf dem Boden einer großen eingefetteten Auflaufform verteilen. Die Fische obenauf legen, mit der restlichen Marinade bedecken und im vorgeheizten Backofen bei 180 °C (Gas Stufe 4) etwa 30–45 Minuten backen, bis der Fisch gar ist. Sofort servieren.

barghoon el-bahar bil roz
gebratene Garnelen mit safranreis

Zahlreiche Garnelengerichte kommen an der Ostküste Saudi-Arabiens auf den Tisch, hier eines der vielen Rezepte aus dieser Region. Der Safranreis sorgt nicht nur für ein köstliches Aroma, sondern gibt dem Ganzen auch eine verlockend goldgelbe Farbe.

---

250 g Pilaw nach dem Grundrezept 1 (Seite 148), jedoch zusätzlich mit 1/2 TL Safranpulver verfeinert

3 EL Pflanzenöl

1 Stange Staudensellerie, in 1,2 cm lange Stücke geschnitten

100 g Brechbohnen, in 5 cm lange Stücke geschnitten

4 Frühlingszwiebeln, in feine Ringe geschnitten

2 EL Sojasauce

450 g Garnelen (frisch oder TK-Ware)

2 Eier

2 EL Mandeln, blanchiert

Den Reis zubereiten, dabei den Safran gleich mit ins Kochwasser geben.

♦

Das Öl in einem großen Topf erhitzen. Unter gelegentlichem Rühren Sellerie, Bohnen und die Hälfte der Frühlingszwiebeln 3–4 Minuten anschwitzen. Die Sojasauce und die Garnelen dazugeben und unter behutsamem Wenden einige Minuten mit anschwitzen. Die Eier in einem Schälchen leicht verquirlen und in die Pfanne gießen. Die Hitze reduzieren, unter Rühren weitergaren, bis das Ei stockt.

♦

Inzwischen die Mandeln ohne Fett goldbraun rösten.

♦

Den Reis auf einer Servierplatte anrichten, die Garnelen mit Gemüse und Ei darauf verteilen und zum Schluss mit den restlichen Frühlingszwiebeln und den gerösteten Mandeln garnieren.

gormeh sabzi ba mahi
persischer fischtopf

Fisch kommt im Iran meist gebraten oder gegrillt auf den Tisch. Eine Ausnahme ist diese großartige persische Spezialität, die ihre wunderbare Würze und Farbe durch Spinat, Bockshornklee, Limonen und Kurkuma erhält. Für den Persischen Fischtopf verwendet man traditionell Stör oder Barsch, alle anderen Weißfische tun es aber auch.

※

3 EL rote Bohnen (Kidneybohnen), unter kaltem Wasser abgespült

60 g Butter

3 EL Petersilie, fein gehackt

2 Stangen Lauch, sogfältig geputzt, gewaschen und in feine Scheiben geschnitten

450 g frischer Blattspinat, sorgfältig gewaschen, trocken geschleudert und grob gehackt

2 Stangen Staudensellerie, in feine Scheiben geschnitten

1 EL Bockshornkleepulver oder 2 EL frischer Bockshornklee, fein gehackt

300 ml Fischfond oder Wasser

5 getrocknete oder 2 frische Limonen oder Saft von 2 Zitronen

900 g Fischfilet, z.B. Stör, Barsch, Schellfisch, Heilbutt

1 TL Salz

1/2 TL schwarzer Peffer

1 TL Kurkuma

※

Die roten Bohnen in einem Topf mit leicht gesalzenem Wasser bedecken und zum Kochen bringen. Etwa 1 Stunde leise weich kochen.

♦

Die Butter in einem großen Topf zerlassen, Petersilie, Lauch, Spinat, Sellerie und Bockshornklee zufügen und unter ständigem Rühren ein paar Minuten sautieren. Den Fischfond unterrühren und alles zugedeckt bei kleiner Hitze 10 Minuten garen. Getrocknete Limonen an einem Ende anschneiden oder frische Limonen halbieren und dazugeben (alternativ Zitronensaft). Nun die Fischstücke in den Topf legen und zugedeckt etwa 30 Minuten dünsten, bis die Filets zart sind.

♦

Die Bohnen abtropfen lassen und zusammen mit Salz, Pfeffer und Kurkuma untermischen. Weitere 5 Minuten garen und sofort mit Reis servieren.

barbunya plakisi
fisch-gemüse-platte

Wie fast alle Plaki stammt dieses griechisch-türkische Gericht aus der osmanischen Zeit.
In der Türkei verwendet man meist Barbunya: Rotbarbe. Man kann aber auch einen anderen
festfleischigen Weißfisch nehmen.
Das folgende türkische Rezept enthält auch Kartoffeln, die die Griechen allerdings lieber weglassen.
Stattdessen würzen sie das Gericht gerne zusätzlich mit Oregano und Lorbeerblättern.

❧☙

4 kleinere Stücke Weißfisch, z. B. Rotbarbe, Heilbutt, Dorsch oder Seehecht
4 mittelgroße Karotten, geputzt und in feine Scheiben geschnitten
6 Stangen Staudensellerie, in 6 cm lange Stücke geschnitten
1 kleine Zwiebel, in feine Scheiben geschnitten
1 grüne Paprika, entkernt und in 8 Stücke geschnitten
2 große Kartoffeln, geschält und in 1,5 cm große Würfel geschnitten
6 EL Olivenöl
3 Knoblauchzehen, zerdrückt
2 EL Tomatenmark
1 TL Salz | 1/2 TL Cayennepfeffer
900 ml Wasser

Zum Garnieren
1 EL gehackte Petersilie | Zitronenspalten

❧☙

Alles Gemüse waschen und abtropfen lassen. Das Olivenöl in einem großen Topf erhitzen, das Gemüse
zufügen, gut umrühren und etwa 30 Minuten köcheln lassen. Den Topf ab und zu rütteln.

♦

Inzwischen den Boden einer feuerfesten Form mit Olivenöl ausstreichen und die gewaschenen,
trocken getupften Fischstücke darauflegen. Das Gemüse mit dem Schaumlöffel herausheben
und auf dem Fisch verteilen.

♦

Einen weiteren Esslöffel Öl in den Gemüsetopf geben, den Knoblauch 1 Minute anschwitzen, dann
Tomatenmark, Salz und Pfeffer unterrühren und 3 Minuten leise köcheln lassen. Das Wasser zugießen,
die Sauce kurz aufkochen und über dem Gemüse verteilen. Bei 200 °C (Gas Stufe 6) im vorgeheizten
Backofen etwa 45 Minuten garen, bis die Karotten weich sind.

♦

Die Fischstücke auf einer Servierplatte anrichten, darauf das Gemüse mit der Sauce verteilen. Mit Petersilie
bestreuen und mit Zitronenspalten garnieren.

geflügel

Bei uns im Land gibt es mehr Hühner als Mäuse! Und diese dummen Hühner sind überall – im Hamam, auf der Straße, im Basar, auf Feldern, Friedhöfen, in Kirchen, Schlafzimmern, auf dem Bett, unter dem Bett, und alles, was sie können, ist gackern, gackern, gackern! Man sollte ihnen den Hals umdrehen. Aber da sie so köstlich sind, tolerieren wir sie. – Merke, mein Sohn, alles, was gut und köstlich ist, müssen wir tolerieren – auch wenn es manchmal sehr anstrengt.«

Hadschi Baba aus Isfahan mochte seine Hühner offensichtlich sehr – wie alle anderen Bewohner des Mittleren Ostens, und deshalb haben sie über die Jahrhunderte ein großes Repertoire an Hühnchenrezepten geschaffen. Hühnchen werden gebraten, frittiert, geschmort, über Holzkohle gegrillt, mit Gemüse gekocht, im Ofen gebacken, mit Reis, Getreide, Fleisch, Nüssen und Früchten gefüllt, mit Kichererbsen, Auberginen und Okraschoten, Joghurt, Grantapfelsaft zubereitet, die Liste ist endlos.

< *Dekor im Schisch Mahal (»Spiegelpalast«), der 1631 von Schah Jahan errichtet wurde. Fort von Lahore, Pakistan.*

dadschadsch bil-mishmishiye
Huhn in Aprikosensauce

Ein sehr altes, traditionelles Gericht aus dem Irak, das schon in Al-Baghdadis mittelalterlichem Küchen-Almanach vermerkt ist. Man serviert es mit hausgemachter Pasta (Rishta, siehe Seite 166). Zu diesem Huhn gehört entweder Aprikosen- oder Pflaumensauce, wobei Letztere in der iranischen Provinz Khuzestan, wo viele Araber leben, bevorzugt wird.

Für 4–6 Personen

1 Brathähnchen von ca. 2,2 kg, zerlegt
40 g Ghee (Butterfett) oder Butter
Saft von 1 kleinen Zitrone | 150 ml Wasser | 1 TL Kurkuma | 1 TL Salz
1/2 TL schwarzer Pfeffer | 1/4 TL getrocknete Chiliflocken | 2 Kardamomkapseln, zerstoßen
450 g Rishta-Teig (siehe Seite 166)
3 EL Pflanzenöl | 1 TL Zimt
1 große Tomate, blanchiert, gehäutet und in Scheiben geschnitten
1 grüne Paprika, entkernt und in Ringe geschnitten

Für die Sauce

250 g getrocknete Aprikosen, über Nacht eingeweicht
1 TL Zucker oder Honig | 1 EL Zitronensaft | 1 EL Rosenwasser

---

Die Haut von den Hähnchenstücken entfernen. Ghee oder Butter in einem großen Topf zerlassen, Zitronensaft, Wasser, Kurkuma, Salz und Pfeffer gut unterrühren. Aufkochen lassen, die Hähnchenteile und Kardamom zugeben. Den Topf zudecken, die Hitze reduzieren und 45–60 Minuten schmoren, bis das Fleisch zart ist. Vom Herd nehmen und leicht abkühlen lassen. Den Bratsaft aufheben. Alles Hühnerfleisch von den Knochen lösen und in mundgerechte Stücke schneiden. Inzwischen die Nudeln in reichlich kochendem Salzwasser bissfest kochen und in einem Durchschlag abgießen.

♦

Das Öl in einer feuerfesten Form erhitzen, die Nudeln 2–3 Minuten braten und dabei wenden. Die Hälfte der Nudeln herausnehmen und beiseite stellen. Die restlichen Nudeln auf dem Boden der Form verteilen, darauf die Hühnerstücke legen. Mit Zimt überstäuben und mit den restlichen Nudeln bedecken. Obenauf die Tomaten- und Paprikastückchen verteilen und alles mit dem Bratsaft übergießen. Im vorgeheizten Backofen bei 180 °C (Gas Stufe 4) 30–40 Minuten garen.

♦

Inzwischen die Aprikosensauce zubereiten. Die eingeweichten Früchte abtropfen lassen, in einen Topf geben und mit knapp 150 ml Wasser weich kochen. Zucker oder Honig und den Zitronensaft unterrühren. Die Mischung in einem Mixer pürieren und erst kurz vor dem Servieren das Rosenwasser unterrühren. Nudeln und Hähnchen auf Tellern verteilen und jeweils etwas Aprikosensauce darauf träufeln.

bursa tavuğu
Huhn in Sahnesauce

Bursa im Nordwesten der Türkei war einst die Hauptstadt des Osmanischen Reiches, bevor es durch Konstantinopel abgelöst wurde. Heute ist es die viertgrößte Stadt der Türkei. Es heißt, dass die besten türkischen Köche aus Bursa kommen – so auch das folgende köstliche Gericht.
Es wird mit Pilaw und grünem Salat serviert.

※

1 Hähnchen von 1,3–1,5 kg, in 8 Stücke zerteilt
75 ml Pflanzenöl
2 Zwiebeln, in feine Scheiben geschnitten
450 ml Hühnerbrühe
1/2 TL Majoran
1/2 TL getrocknetes Basilikum
1/2 TL Salz
1/2 TL weißer Pfeffer
1 EL Mehl
3 EL Sahne
etwa 15 gefüllte grüne Oliven

Zum Garnieren
1 EL Petersilie, fein gehackt

※

Das Öl in einem großen Schmortopf erhitzen und die Hähnchenstücke unter gelegentlichem Wenden rundum goldbraun anbraten. Herausnehmen und beiseite stellen.

♦

Die Zwiebeln unter häufigem Rühren im gleichen Topf goldgelb anschwitzen. Die Hähnchenteile dazugeben und mit der Brühe, Majoran, Basilikum, Salz und Pfeffer zum Kochen bringen. Die Hitze reduzieren und alles zugedeckt köcheln lassen, bis die Hähnchenteile zart sind. Herausnehmen und auf einer Servierplatte warm halten.

♦

Mehl und Sahne in einem Schälchen glattrühren. Diese Mischung und die Oliven zum Bratfond in den Schmortopf geben und unter ständigem Rühren ein paar Minuten bei kleiner Hitze eindicken lassen.

♦

Zum Anrichten die Sauce über die Hähnchenteile gießen, mit Petersilie bestreuen und sofort servieren.

hav ganachov
Huhn mit Gemüse

Ein Rezept aus Armenien, das auch in der ganzen Türkei, in Kurdistan und im Iran sehr beliebt ist.
Serviere Sie ein Pilaw dazu.

❦

2 Auberginen, geschält
150 ml Pflanzenöl
1 Hähnchen von 1,3 bis 1,8 kg, in 8 Stücke geschnitten
50 g Mehl, mit 1 TL Salz vermischt
1 TL schwarzer Pfeffer | 1/2 TL Chilipulver
2 mittelgroße Zwiebeln, in Scheiben geschnitten
2 Zucchini, am oberen und unteren Ende gekappt und in 1 cm dicke Scheiben geschnitten
2 grüne Paprika, entkernt und in 2,5 cm große Quadrate geschnitten
450 g grüne Bohnen, an den Enden gekappt und in Stücke geschnitten
225 g Okraschoten, an den Enden gekappt und (nach Belieben) in Stücke geschnitten
4 Tomaten, blanchiert, gehäutet und in Scheiben geschnitten
300 ml Wasser
2 TL Salz | 1 TL schwarzer Pfeffer
1/2 TL Chilipulver
3–4 Lorbeerblätter

Zum Garnieren
1 EL Petersilie, fein gehackt

❦

Die Auberginen quer in 1 cm dicke Scheiben schneiden, auf einem Teller auslegen, mit Salz bestreuen und 30 Minuten ziehen lassen. Unter kaltem Wasser abspülen und trocken tupfen.

♦

Inzwischen in einem großen Topf die Hälfte des Öls erhitzen. Die Hähnchenteile in der Mehl-Salz-Mischung wenden und auf allen Seiten goldbraun anbraten. Mit dem Schaumlöffel herausnehmen, dann das restliche Öl im Topf erhitzen. Die Auberginen und alles weitere Gemüse außer den Tomaten dazugeben und unter vorsichtigem Umrühren ein paar Minuten dünsten. Das Gemüse in einen großen Bräter (mit Deckel) geben, die Hähnchenteile darauflegen und die Tomaten obenauf verteilen.

Wasser, Salz, Pfeffer und Chilipulver in einem kleinen Topf zum Kochen bringen und seitlich in den Bräter gießen. Im vorgeheizten Backofen zugedeckt bei 190 °C (Gas Stufe 5) etwa 1 Stunde garen.
Mit Petersilie bestreut servieren.

khoresht-e narengi
Hühnchentopf mit Tangerinen

Eine kulinarische Sinfonie all dessen, was typisch iranisch ist, komponiert aus leuchtend gelben und goldenen Farben.

ഔരു

75 g Ghee (Butterfett)
1 küchenfertiges Hähnchen von 1,3–1,5 kg, in 8 Teile zerlegt
1 große Zwiebel, in feine Scheiben geschnitten
1/2 TL Safran
600 ml Wasser
1 1/2 TL Salz
1/2 TL schwarzer Pfeffer
Saft von 1 großen Zitrone
4 Tangerinen (oder Mandarinen)
250 g Karotten, geschält und in 1 cm dicke Scheiben geschnitten
1–2 EL brauner Zucker

Zum Garnieren
2 EL Mandelsplitter, geröstet
2 EL Pistazien, halbiert

ഔരു

In einem großen Topf 40 g Butterfett erhitzen. Die Hähnchenteile darin unter öfterem Wenden rundum knusprig goldbraun braten. Herausnehmen und beiseite stellen.

♦

Für die Sauce das restliche Butterfett in den gleichen Topf geben und die Zwiebeln glasig anschwitzen. Safran unterrühren und die Hähnchenteile wieder in den Topf legen. Wasser, Salz, Pfeffer und Zitronensaft zufügen, den Topf zudecken und alles bei kleiner Hitze 30 Minuten schmoren.

♦

Inzwischen die Tangerinen schälen. Mit einem scharfen Messer alles Weiße von der Tangerinenhaut abziehen, die Schale in feine Streifen schneiden. Zusammen mit den Karotten und dem Zucker in den Topf geben und so lange weiter köcheln lassen, bis die Karotten gar sind.

♦

Die Tangerinen filetieren, in den Topf geben und weitere 10–15 Minuten köcheln lassen.

♦

Das Gericht in eine große Schüssel füllen und mit Mandeln und Pistazien bestreut servieren. Dazu passt Persischer Butterreis (Chelo, siehe Seite 149) oder ein beliebiges Pilaw.

morgh shekumpour
mit früchten gefülltes Hähnchen

Kein Wunder, dass dies eines der Lieblingsrezepte der Iraner ist: Morgh shekumpour mit Pflaumen, Äpfeln, Trauben und Aprikosen sieht wunderschön aus und schmeckt dazu unendlich köstlich. Es wird mit Chelo (siehe Seite 149) oder Zaffron pollo (Safranreis, siehe Seite 150) serviert.

---

1 Hähnchen von 1,3–1,8 kg, innen und außen gewaschen und trocken getupft

Für die Füllung
40 g Ghee (Butterfett)
1 kleine Zwiebel, fein gehackt
150 g Backpflaumen ohne Stein, über Nacht eingeweicht, abgetropft und gehackt
150 g getrocknete Aprikosen, über Nacht eingeweicht, abgetropft und gehackt
50 g kernlose Trauben
2 Äpfel, geschält, vom Kerngehäuse befreit und gehackt
1 TL gemahlener Zimt
2 TL Salz
1/2 TL schwarzer Pfeffer
1 TL brauner Zucker

Zum Bestreichen
1 TL Salz
1/2 TL schwarzer Pfeffer
geschmolzene Butter

Das Butterfett in einer Pfanne zerlassen und die Zwiebeln glasig anschwitzen. Pflaumen, Aprikosen, Trauben und Äpfel zufügen und unter ständigem Rühren 2 Minuten anbraten. Mit Zimt, Salz, Pfeffer und Zucker würzen und weitere 2–3 Minuten dünsten. Die Mischung in das Hähnchen füllen und die Öffnung mit Küchengarn oder Spießen fest verschließen.

♦

Das Hähnchen außen mit Salz und Pfeffer einreiben und in einen Bräter legen. Großzügig mit geschmolzener Butter bestreichen und im vorgeheizten Backofen bei 180 °C (Gas Stufe 4) etwa 2 Stunden garen. Zwischendurch das Hähnchen immer wieder mit dem Bratsaft bestreichen.
Auf einem Reisbett servieren.

avaz memula im matzot
Gefüllte Gans mit Matzen

In Israel wird extensiv Gänsezucht betrieben, insbesondere für den Export nach Frankreich, das allein schon wegen der berühmten Paté de Foie Gras der wichtigste Abnehmer ist.
Mit Orangen- und Grapefruitspalten verziert, ist das folgende Gericht aus Israel ein optisch wie geschmacklich üppiges Festmahl.

Für 6 Personen
1 Gans von 3,5 kg
25 g Schmalz
1 EL abgeriebene Orangenschale
Saft von 1 Zitrone
1/2 TL weißer Pfeffer
1 EL Salz

Für die Füllung
40 g Schmalz
2 Zwiebeln, fein gehackt
1 Stange Staudensellerie, fein gehackt
1 Gänseleber, gehackt
3 EL Petersilie, fein gehackt
1 Apfel, gerieben
2 TL Paprika
50 g Walnüsse, grob gehackt
2 EL Pinienkerne
100 g Trockenpflaumen, über Nacht eingeweicht
175 g Mehl oder Matzenmehl (nach Belieben)
225 ml Hühnerbrühe
3 EL Orangensaft
2 Eier, leicht verquirlt

Zum Bestreichen
3 EL Weinbrand oder Cognac
1 EL Honig
1 EL abgeriebene Orangenschale

Die Innereien herausnehmen und beiseite stellen. Die Gans innen und außen waschen und trocken tupfen.

♦

Das Schmalz in einem kleinen Topf zerlassen und mit der Orangenschale vermischen. Zitronensaft, Pfeffer und Salz unterrühren. Die Gans innen und außen mit dieser Mischung bestreichen.

♦

Für die Füllung das Schmalz in einer großen Pfanne zerlassen und die Zwiebeln glasig anschwitzen. Sellerie, Gänseleber, Petersilie, Apfel, Paprika, Walnüsse, Pinienkerne und Pflaumen hinzufügen und 4–5 Minuten dünsten. Die restlichen Zutaten für die Füllung gründlich untermischen. Die Füllung in die Gans stopfen und die Öffnung mit einem kleinen Spieß oder mit Küchengarn verschließen. Die Zutaten zum Bestreichen in einem Schälchen vermischen.

♦

Die Gans auf ein großes Backblech setzen und im vorgeheizten Backofen bei 180 °C (Gas Stufe 4) etwa 3 Stunden garen, dabei regelmäßig und ganz besonders in den letzen 30 Minuten mit der Honig-Orangen-Mischung bestreichen. Das Fleisch ist gar, wenn beim Anstechen klare Flüssigkeit austritt.

♦

Die Gans auf einer Servierplatte anrichten. Die Garflüssigkeit aus dem Backblech und die restliche Honig-Orangen-Mischung in einen Topf gießen, so viel Fett wie möglich abschöpfen und die Sauce erhitzen. Spieß oder Küchengarn entfernen, die Füllung herausnehmen und separat servieren. Die Gans rundum mit Orangen- und Grapefruitspalten garnieren. Die Sauce in einer Sauciere dazu reichen.

quwarmah ala dadschadsch
curryhuhn

Ein würziges, exotisches Rezept aus der Golfregion Arabiens, das Ähnlichkeit mit den vielen indischen Curryhuhn-Gerichten hat und sicherlich ursprünglich aus Indien stammt. Über Jahrhunderte haben die Inder durch ihre Handelsbeziehungen großen sozialen wie kulturellen Einfluss auf die Araber ausgeübt, und viele Menschen indischer Herkunft leben heute in der arabischen Welt. Das gilt ganz besonders für Bahrain, wo gleich nach Arabisch die meistgesprochene Sprache Hindi ist.
Das Curryhuhn mit Muhamar (siehe Seite 157) oder einem anderen Pilaw servieren.

❧☙

1 Hähnchen von 1,3 kg, in 8 Stücke zerteilt
2 TL Salz | 1/2 TL Muskat
1 TL Kreuzkümmel | 1/2 TL Paprika
1/2 TL Kardamom, gemahlen
1/2 TL schwarzer Pfeffer | 1 TL Kurkuma
40 g Ghee (Butterfett)
2 große Zwiebeln, fein gehackt
2 Knoblauchzehen, zerdrückt
1 TL frischer Ingwer, gerieben
1 TL Chilipulver
1 Zimtstange, 5 cm lang
2 große Tomaten, blanchiert, gehäutet und grob gehackt
2 Loomi (getrocknete Limetten), mit einer Gabel mehrmals angestochen,
oder die dünn abgeschälte Schale von 1 Zitrone
1 TL Salz
300 ml Wasser

❧☙

In einer kleinen Schüssel Salz, Muskat, Kreuzkümmel, Paprika, Kardamom, Pfeffer und Kurkuma miteinander vermischen. Die Hähnchenteile mit der Hälfte dieser Würzmischung rundum einreiben. Butterfett in einem großen Topf zerlassen und die Hähnchenteile unter öfterem Wenden rundum braun anbraten. Mit einem Schaumlöffel herausnehmen und beiseite stellen.

◆

Die Zwiebeln in einem großen Topf ein paar Minuten glasig anschwitzen. Knoblauch, Ingwer, die restliche Würzmischung, Chili und die Zimtstange dazugeben und unter häufigem Rühren weitere 5 Minuten braten. Tomaten, Loomi (oder Zitronenschale), Salz und Wasser dazugeben und zum Kochen bringen.

◆

Die Hähnchenstücke in den Topf geben, zudecken, die Hitze reduzieren und die Hähnchenteile etwa 1 Stunde gar schmoren.

Fleisch

Für einen Araber bedeutet »Fleisch« grundsätzlich Lamm oder Hammel, auch wenn gelegentlich Ziegen-, Gazellen- oder Kamelfleisch auf den Tisch kommt. Tatsache ist: In der orientalischen Küche war Lamm schon immer das beliebteste Fleisch, sicherlich nicht nur aus religiösen Gründen. Rind- und Kalbfleisch werden heute mehr und mehr populär, während Schweinefleisch eine Nebenrolle spielt, auch wenn es bei Griechen, Armeniern, Georgiern und den Maroniten im Libanon und in Syrien gelegentlich bereitet wird.

Eine einfache, ursprüngliche Art des Garens ist das Braten am Spieß. Wahrscheinlich gehen die Kebabs auf Hirten zurück, da sie monatelang ohne Topf und Ofen oder andere häusliche Feuerstelle auskommen mussten. So steckten sie Fleischstücke auf Spieße und grillten sie über Holzfeuer. »Kebab« bedeutet aber nicht nur einfach Grillen: Die eigentliche Kunst besteht im Marinieren und Bestreichen während des Garens.

Nun war und ist ein ganzes Stück Fleisch zum Sattwerden auch ein teurer Luxus. Deshalb wurden Methoden ersonnen, es zu strecken. Das Ergebnis sind wunderbare Gerichte wie Lammtopf mit Datteln oder Lammragout in Teigtaschen, vor allem aber die unendlich vielfältigen Hackfleischgerichte: Köfte (arabisch Kufta) und Kibbehs. Letztere gehen bis auf die Assyrer zurück und sind der ganze Stolz der syrischen und libanesischen Küche. Sagt man dort von einer Frau, sie habe »Kibbeh-Finger«, so ist dies eines der größten Komplimente, das man machen kann. Denn ein gutes Kibbeh zu bereiten, gilt als hohe Kunst, ja sogar als gottgegebene Gabe.

< *Bronzetür in der Madrasa des Sultans Hasan in Kairo (1356–1359).*

kibbeh
Grundrezept

Für Kibbeh braucht man grundsätzlich mageres Fleisch. Lassen Sie es vom Metzger zweimal durch den Fleischwolf drehen, oder hacken Sie es mit der Küchenmaschine sehr fein. Lamm ist wegen seiner guten Elastizität ideal. Wenn Sie Rind bevorzugen, mischen Sie 2 Esslöffel Stärkemehl und 1 kleines verquirltes Ei darunter – das sorgt für die nötige Bindung. Der fertige Kibbeh-Teig lässt sich gut einfrieren.

૭०ભ

175 g fein geschroteter Bulgur
225 g mageres Lammfleisch, sehr fein gehackt
1 EL Zwiebeln, sehr fein gehackt
1/2 TL schwarzer Pfeffer
1/2 TL Chilipulver
1 TL Piment
1 1/2 TL Salz

૭०ભ

Den Bulgur in einer Schüssel mit kaltem Wasser mehrfach klarspülen, das Wasser abgießen und den Bulgur auf einem Backblech ausbreiten.

♦

Das Hackfleisch in einer Schüssel mit den Zwiebeln, den Gewürzen und 2 Esslöffel kaltem Wasser gründlich durchkneten. Zuletzt den Bulgur gründlich unterkneten. Den Fleisch-Bulgur-Teig zu einer Kugel rollen und mit nassen Händen mindestens 10, eher 15 Minuten kneten, bis die Masse sehr glatt und elastisch ist.

amram
gegrilltes kibbeh

Den Kibbeh-Teig wie auf der linken Seite beschrieben zubereiten und in 12 gleich große Portionen teilen. Mit nassen Händen zu Kugeln rollen, dann flach drücken (etwa 1,5 cm hoch). Die Frikadellen über Holzkohle oder unter dem Backofengrill etwa 10 Minuten grillen, dabei mehrmals wenden. Auf Salatblättern anrichten und mit einem Joghurt-Dressing servieren.

dabgvadz kufta
gebratenes kibbeh

Butterschmalz
Kibbeh nach dem Grundrezept auf der linken Seite, zusätzlich vermischt mit
1/2 TL Curry
1/4 TL Zimt
1/2 TL Paprika
1 Ei

Zum Garnieren
Salatblätter
Petersilie, fein gehackt
Zitronenspalten

Butterschmalz in einer großen Pfanne erhitzen. Aus dem Kibbeh-Teig 12 Frikadellen oder Würstchen formen und in der Pfanne goldbraun braten.

Zum Servieren auf Salatblättern auslegen, mit Petersilie bestreuen und Joghurt dazu reichen. Zum Essen träufelt jeder selbst etwas Zitronensaft auf das Fleisch.

kibbeh tarablousieh
Gefüllte frittierte Kibbeh-Röllchen

Dieses wohl berühmteste Kibbeh stammt aus Tripoli, der zweitgrößten Stadt des Libanons. Auf Libanesisch-Arabisch heißt Tripoli »Trablus« oder »Tarablus«, daher der Name Kibbeh Tarablousieh; wegen der typischen Form nennt man die gefüllten Röllchen auch »Kibbeh-Torpedos«.
Kalt kann man die Kibbeh-Röllchen als Vorspeise servieren, traditionell aber kommen sie warm als Hauptgericht auf den Tisch, mit Joghurt und Salat als Beilage.

Für die Füllung
siehe Grundrezept Seite 134

Für das Kibbeh
siehe Grundrezept Seite 130

Zum Frittieren
Frittieröl

Zum Garnieren
Zitronenspalten

Die Füllung zubereiten wie bei Kibbeh bi-Saniye beschrieben (siehe Seite 135).
Kibbeh zubereiten wie im Grundrezept beschrieben (siehe Seite 130).

♦

Mit nassen Händen ein etwa eigroßes Stück Kibbeh-Teig abbrechen und in die Handfläche der einen Hand legen. Mit dem abgeknickten Zeigefinger der anderen Hand das Kibbeh rundherum flachdrücken, sodass ein leicht gewölbtes ovales Schiffchen entsteht. Die Kunst besteht darin, den Teig so flach wie möglich zu drücken, ohne dass er dabei reißt. Das gelingt am besten mit immer wieder angefeuchteten Händen.

♦

Jeweils 1 Esslöffel der Füllung in das Kibbeh-Schiffchen häufen, die Seiten überlappend zusammenschlagen und andrücken. Die Hände wieder anfeuchten und das gefüllte Kibbeh-Schiffchen zwischen den Handflächen rollen, sodass ein an den Seiten spitz zulaufendes, torpedoförmiges Röllchen entsteht. Auf diese Weise alles Kibbeh und die ganze Füllung aufbrauchen.

♦

In einer Pfanne reichlich Frittieröl erhitzen. Jeweils mehrere der Kibbeh-Röllchen darin goldbraun frittieren, herausnehmen und abtropfen lassen. Heiß mit Zitronenspalten servieren. Zum Essen schneidet man die Kibbehs in der Mitte durch und träufelt etwas Zitronensaft darauf.

khorovadz kufta
kibbeh-spieße

Kibbeh nach dem Grundrezept Seite 130 vorbereiten, den Teig in 12–16 Portionen teilen und mit leicht angefeuchteten Händen zu Bällchen rollen. Einen Spieß durch jedes Fleischbällchen stecken und dieses mit den Händen fest andrücken. Die Spieße etwa 10 Minuten über Holzkohle grillen, dabei öfter drehen. Zum Anrichten Joghurt auf die heißen Spieße löffeln und sofort servieren. Dazu passt grüner Salat.

kibbeh-füllung
Grundrezept

Kibbeh wird oft wie kleine Teigtaschen verwendet oder auf dem Blech flach ausgestrichen und zwischen zwei Lagen gefüllt. Hier das traditionellste Rezept für eine Kibbeh-Füllung.

2 EL Ghee (Butterfett) oder Pflanzenöl
225 g Hackfleisch
1–2 Zwiebeln, fein gehackt
1 TL Salz
25 g Pinienkerne, ganz, oder Walnüsse, gehackt
1/2 TL schwarzer Pfeffer
1/2 TL Piment
1/4–1/2 TL Zimt
1 EL Petersilie, fein gehackt, oder getrocknete Rosenblätter

Das Butterfett erhitzen und das Hackfleisch unter häufigem Rühren 5 Minuten anbraten. Zwiebeln und Salz zugeben und etwa 30 Minuten garen. Die restlichen Zutaten gut untermischen und abkühlen lassen. Die Füllung kann man im Voraus zubereiten und zugedeckt im Kühlschrank aufbewahren.

kibbeh bi-saniye
Gefülltes Kibbeh vom Blech

Ein Klassiker, der in Syrien und dem Libanon, in Palästina und Israel, bei Armeniern, Türken und Kurden als Vor- oder Hauptspeise sehr beliebt ist. Kibbeh vom Blech schmeckt auch aufgewärmt sehr gut. Reichen Sie eine Schüssel grünen Salat und Joghurt dazu.

Für die Füllung
siehe Grundrezept auf der linken Seite

Für das Kibbeh
siehe Grundrezept Seite 130

Zum Backen
Butterschmalz zum Einfetten
1 große Prise Piment | 2 EL Pflanzenöl, mit 4 EL Wasser vermischt
40 g Butter

Für die Füllung das Butterfett in einer Pfanne erhitzen, Pinienkerne oder Nüsse zart hellbraun rösten, mit einem Schaumlöffel herausheben und abtropfen lassen. In der gleichen Pfanne das Hackfleisch unter häufigem Rühren etwa 15 Minuten braten. Zwiebeln und Gewürze zufügen und weitere 15–20 Minuten garen, dabei häufig umrühren. Zuletzt die gerösteten Nüsse und die Petersilie untermischen. Das Kibbeh zubereiten wie im Grundrezept auf Seite 130 beschrieben. Nach mindestens 10–15 Minuten Kneten den Teig in zwei Hälften teilen.

♦

Ein rundes Backblech mit geradem Rand (Durchmesser 20–22 cm) mit Butterschmalz einfetten und mit etwas Piment bestreuen. Von der Hälfte des Kibbeh-Teigs jeweils kleinere Stücke mit nassen Händen flach drücken und überlappend auf dem Blechboden auslegen. Die Nahtstellen sehr gut verschließen, sodass das Blech lückenlos mit Kibbeh-Teig bedeckt ist. Zuletzt alles noch einmal fest am Boden andrücken. Die Füllung gleichmäßig auf der Kibbeh-Schicht verteilen.

♦

Vom restlichen Kibbeh-Teig ebenfalls kleinere Stücke mit den Händen flach drücken und überlappend auf der Füllung verteilen, die Ränder mit nassen Händen fest verschließen. Mit einem nassen Messer den Rand rundum lösen. Die Oberfläche rautenförmig einritzen (den Kibbeh-Teig dabei nicht durchstechen). Auf jede Raute ein Stückchen Butter setzen. Dann das Ganze mit der Öl-Wasser-Mischung beträufeln.

♦

Im vorgeheizten Backofen bei 190 °C (Gas Stufe 5) 15–20 Minuten goldbraun backen, bis die Oberfläche knusprig ist. Zum Servieren das Gericht wie Kuchen mit einem scharfen Messer in Stücke schneiden und sehr vorsichtig auf den Teller heben.

kabat al batatis min burkul

Kartoffel-Kibbeh mit Lamm-Aprikosen-Füllung

Diese irakische Köstlichkeit geht vermutlich auf iranisch-kaukasische Einflüsse zurück.

※

Für die Füllung
2 EL Ghee (Butterfett) oder Pflanzenöl
1 Zwiebel, fein gehackt
350 g Lammfleisch, gehackt
2 EL Mandeln oder Haselnüsse, gehackt | 100 g getrocknete Aprikosen, gehackt
1/2 TL Nelken, gemahlen | 1/4 TL Kreuzkümmel | 1/4 TL Muskat
1/2 TL Paprika | 1 TL Salz | 1/2 TL schwarzer Pfeffer
3 EL Wasser

Für das Kartoffel-Kibbeh
450 g Kartoffeln, gekocht und zerstampft
100 g fein geschroteter Bulgur | 25 g Mehl | 1 Ei
1 1/2 TL Salz | 1/2 TL schwarzer Pfeffer
2 EL Wasser

Zum Frittieren
Frittieröl

※

Für die Füllung Butterfett oder Öl erhitzen und die Zwiebeln glasig anschwitzen. Das Lammhack dazugeben und 5–10 Minuten unter gelegentlichem Rühren anbraten, bis es Bräunung annimmt. Die restlichen Zutaten für die Füllung untermischen und unter häufigem Rühren 15–20 Minuten köcheln lassen. Vom Herd nehmen und abkühlen lassen.

♦

Alle Zutaten für das Kartoffel-Kibbeh in einer großen Schüssel 5–10 Minuten miteinander verkneten. Daraus wie auf der folgenden Seite beim Rezept Anteb Yoğurtlı Kufta die Kibbeh-Bällchen formen und füllen, zwischendurch die Hände immer wieder in kaltes Wasser tauchen.

♦

Reichlich Öl in einer Fritteuse oder einem tiefen Topf erhitzen. Immer mehrere Kibbeh-Bällchen zugleich etwa 8–10 Minuten goldbraun frittieren. Herausnehmen, abtropfen lassen und auf einem großen Servierteller warm halten, bis alle Kibbeh-Bällchen frittiert sind.

♦

Heiß servieren und grünen Salat, Radieschen, Gurken und Tomaten dazu reichen.

anteb yoğurtlı kufta
Gefülltes Kibbeh in Joghurtsauce

Es gibt etliche Variationen dieses Gerichts – eine davon stammt aus dem südostanatolischen Gaziantep, kurz Antep genannt. Die Stadt, bevölkert von Türken, Armeniern, Kurden und Arabern, Juden, Aleviten, Nestorianern, Maroniten …, ist ein faszinierender Schmelztiegel und brachte unter anderem eine bemerkenswerte Kochkunst hervor.

Für 6–8 Personen

Für die Füllung
siehe Grundrezept Seite 134

Für das Kibbeh
siehe Grundrezept Seite 130, jeweils die eineinhalbfache Menge

Für die Sauce
1 Hähnchen von 1–1,5 kg, in Teile zerlegt | 2 TL Salz
100 g Kichererbsen, über Nacht in kaltem Wasser eingeweicht
1,5 kg Joghurt | 2 Eier | 50 g Butter | 1 EL getrocknete Minze

Einen großen Topf halb mit Wasser füllen, die Hähnchenteile, Salz und abgetropfte Kichererbsen darin zum Kochen bringen. Aufsteigenden Schaum regelmäßig abschöpfen. Bei kleiner Hitze weich köcheln. Vom Kibbeh-Teig jeweils ein walnussgroßes Stück mit nassen Händen zu einem Bällchen rollen, in die eine Handfläche legen und mit dem geknickten Zeigefinger der anderen Hand flach drücken, sodass ein kreisrundes Schälchen entsteht.

♦

Einen Teelöffel der Füllung in das Fleischschälchen häufen, das Schälchen dann von allen Seiten schließen. Mit nassen Händen das gefüllte Bällchen nochmals perfekt rund und glatt rollen. So nach und nach alle Zutaten aufbrauchen.

♦

Joghurt und Eier in einer kleinen Schüssel miteinander vermischen, etwas von der Hühnerbrühe aus dem Topf dazugießen und gut verrühren. Die Joghurtsauce in den Topf mit der Hühnerbrühe, den Hühnerteilen und den Kichererbsen rühren. Sanft köcheln lassen. Die gefüllten Fleischbällchen hinzufügen und bei kleiner Hitze etwa 10–15 Minuten weiterköcheln lassen. Inzwischen in einem kleinen Topf die Butter zerlassen, die Minze unterrühren und ebenfalls in den Topf gießen.
Jeweils eine Stückchen Huhn, etliche Kichererbsen und einige der gefüllten Fleischbällchen in eine Schale geben und darauf reichlich Joghurtsauce löffeln.

kharperti kufta
Gefülltes Kibbeh in Tomatensauce

Harput, armenisch Kharpert, ein türkisches Provinzstädtchen, wäre vielleicht der Bedeutungslosigkeit anheimgefallen, gäbe es nicht dieses wundervolle Kibbeh von dort, das besonders im Winter ein Magen- und Seelenwärmer ist.

Für das Kibbeh
siehe Grundrezept Seite 130

Für die Füllung
2 EL Ghee (Butterfett)
1 große Zwiebel, fein gehackt
225 g Lammfleisch, gehackt
2 EL grüner Pfeffer, gehackt
2 EL Petersilie, gehackt | 1/2 TL getrocknetes Basilikum
1 TL Salz | 1/2 TL schwarzer Pfeffer | 1/2 TL Zimt
3 EL Walnüsse, gehackt

Für die Sauce
1,8 l Brühe
3 EL Tomatenmark
1 1/2 TL Salz
1 TL getrocknete Minze

Für die Füllung das Butterfett in einem Topf zerlassen und die Zwiebeln glasig anschwitzen. Lammhack und grünen Pfeffer unterrühren und unter gelegentlichem Rühren etwa 30 Minuten garen. Die weiteren Zutaten für die Füllung unterrühren, vom Herd nehmen und abkühlen lassen.

♦

Den Kibbeh-Teig in walnussgroßen Portionen in der Hand zu möglichst dünnen Schälchen formen, genau wie beim Rezept Anteb Yögurtlı Kufta auf der linken Seite beschrieben. Füllen und glatte runde Bällchen formen, bis der Kibbeh-Teig und die Füllung aufgebraucht sind.

♦

Für die Sauce die Brühe in einem großen Topf zum Kochen bringen und Tomatenmark, Salz und Minze einrühren. Mehrere gefüllte Kibbeh-Bällchen in die Sauce geben und 10–15 Minuten köcheln lassen, bis sie an die Oberfläche steigen. Herausnehmen und weitere Portionen genauso zubereiten. In einzelnen Schalen mit etwas Sauce servieren.

arnaki se filo
Lammragout in Filoteig

Es heißt, dass früher Banditen auf Zypern ihr gebratenes Lammfleisch in Pergamentpapier verpackt hätten, damit der Duft sie in ihren Verstecken nicht verrät. Heute wird das griechisch-zypriotische Gericht in Filoteig »verpackt«. In der Türkei kennt man die Teigtaschen als Ali Pafla Kebabı, dort werden sie mit Börekteig (Börek Hamuru) zubereitet.

25 g Ghee (Butterfett) oder Butter
2 Zwiebeln, in feine Scheiben geschnitten
700 g mageres Lammfleisch
1 große Tomate, in feine Scheiben geschnitten
1 TL Salz | 1 TL schwarzer Pfeffer
225 ml Wasser
2 EL Petersilie, fein gehackt

Für den Teig
8 Lagen Filo- oder Blätterteig
60 g zerlassene Süßrahmbutter

Butterfett in einem großen Topf zerlassen und die Zwiebeln goldgelb anschwitzen. Das Fleisch in 1–1,5 cm dicke Würfel schneiden, in den Topf geben und zugedeckt 5 Minuten sanft schmoren, dabei ab und zu umrühren. Tomaten, Salz, Pfeffer und Wasser zugeben und aufkochen lassen. Die Hitze reduzieren und alles etwa 1 Stunde köcheln lassen, bis das Fleisch zart und die meiste Flüssigkeit verdampft ist. Vom Herd nehmen, die Petersilie unterrühren und zum Abkühlen beiseite stellen.

♦

Inzwischen eine Lage Filoteig mit der geschmolzenen Butter bestreichen. Eine zweite Lage Filoteig darauflegen, davon nur eine Hälfte mit Butter bestreichen und diese (zusammen mit der unteren Lage Teig) auf die unbestrichene Hälfte klappen. Ein Viertel der Fleischmischung in die Mitte löffeln und den Teig von allen Seiten etwas überlappend zur Mitte hin zusammenklappen. Die Nahtstellen mit Butter bestreichen und fest zusammendrücken. Auf diese Weise insgesamt vier gefüllte Teigtaschen herstellen, die restliche Butter obenauf verteilen.

♦

Zwei Backbleche leicht einfetten und jeweils zwei der Teigtaschen daraufsetzen. Im vorgeheizten Backofen bei 180 °C (Gas Stufe 4) 20–30 Minuten goldbraun backen. Aus dem Ofen nehmen und heiß mit grünem Salat servieren.

kala josh
Gebratenes Rind mit Croûtons und Joghurt

Ein traditionelles Rezept aus der Gegend um Van (Armenien) und Erzurum (Ostanatolien).
In unterschiedlichsten Varianten kennt man es von der Türkei bis ins iranische Khuzestan –
und natürlich im Kaukasus, wo die Bergvölker den Joghurt durch Sauerrahm ersetzen.
Reichen Sie ein Reis- oder Bulgur-Pilaw oder auch Bratkartoffeln
sowie selbst eingelegte Äpfel und Birnen dazu.

※

900 g Rinderfilet, von Fett und Sehnen befreit
50 g Butter
1 kleine Zwiebel, fein gehackt
1 Knoblauchzehe, zerdrückt
Salz und Pfeffer
1/2 TL Nelken, gemahlen
6 dicke Scheiben Brot, in 2,5 cm große Würfel geschnitten
300 g Joghurt oder Sauerrahm

※

Das Rinderfilet flach klopfen und anschließend in 1–1,5 cm große Stücke schneiden.

♦

Die Butter in einem großen Topf zerlassen und Fleisch sowie Zwiebeln unter häufigem Umrühren etwa 5–7 Minuten anbraten, bis das Fleisch rundherum Farbe annimmt. Knoblauch, Salz und Pfeffer zufügen und weitere 2–3 Minuten garen, dabei häufig umrühren. Die Brotwürfel dazugeben und unter häufigem Wenden golden bräunen. Vom Herd nehmen und mit den Nelken bestreuen.

♦

Joghurt oder Sauerrahm in einem kleinen Topf erwärmen, aber keinesfalls kochen.

♦

Die Fleisch-Brot-Mischung auf eine Servierplatte häufen, den erwärmten Joghurt oder Sauerrahm darauf verteilen und sofort servieren.

hamuth helou
Lammtopf mit Datteln

Dieses gehaltvolle irakische Schmorgericht mit Trockenfrüchten wird traditionell mit eingedicktem Dattelsirup und, im schönen Kontrast dazu, mit getrockneten Limetten (Loomi) bereitet. Falls Sie diese Zutaten nicht erhalten, pürieren Sie die Datteln selbst und verwenden statt der Loomi Zitronensaft und -schale. Als Beilage passt sehr gut ein Pilaw.

---

50 g Ghee (Butterfett)
900 g mageres Lammfleisch, in 2,5 cm große Würfel geschnitten
1 Zwiebel, gehackt
600 ml Wasser
1 1/2 TL Salz
1 Zimtstange
1 Loomi (getrocknete Limette) oder Schale und Saft von 1 Zitrone
6 getrocknete Datteln, gehackt
8 getrocknete Aprikosen, halbiert
8–10 Pflaumen, entsteint und halbiert
3 EL Rosinen
1 EL brauner Zucker oder Honig

Das Butterfett in einem großen Topf erhitzen und das Fleisch 5–7 Minuten von allen Seiten anbraten. Mit einem Schaumlöffel herausheben und beiseite stellen.

♦

Die Zwiebeln im verbleibenden Fett glasig anschwitzen. Das Fleisch wieder in den Topf geben, 300 ml Wasser, Salz, Zimt und Loomi oder ersatzweise Zitronensaft und -schale dazugeben. Den Topf zudecken, die Hitze reduzieren und 45 Minuten schmoren.

♦

Inzwischen das restliche Wasser in eine kleine Pfanne gießen, die Datteln zufügen und bei mäßiger Hitze 12–15 Minuten köcheln lassen. Die Mischung in einem Mixer pürieren und zusammen mit Aprikosen, Pflaumen, Rosinen und Zucker oder Honig zum Fleisch geben. Gut unterrühren und 1 Stunde zugedeckt schmoren. Vor dem Servieren die Loomi bzw. Zitronenschale und die Zimtstange entfernen.

terbiyeli köfte
fleischbällchen in zitronensauce

Die hier vorgestellte Zitronensauce entstammt einem der ältesten überlieferten Rezepte überhaupt: Schon die alten Ägypter kochten sie, dann die Römer und Byzantiner. In Griechenland nennt man sie Saltsa avgolemono, in der Türkei Terbiyeli. Man kann die Zitronensauce zu verschiedensten Gerichten warm oder kalt servieren.

୨୦୧

Für die Fleischbällchen

900 g Lammfleisch, sehr fein gehackt
2 EL gemahlener Reis
4 EL Petersilie, fein gehackt
1 große Zwiebel, fein gehackt
1 Knoblauchzehe, zerdrückt
1 1/2 TL Salz | 1/2 TL schwarzer Pfeffer
1/2 TL Zimt | 1/2 TL Piment

Für die Sauce

450–600 ml Hühnerbrühe
1/2 TL Salz | 1/4 TL schwarzer Pfeffer
3 Eigelb | Saft von 2 kleinen Zitronen
1 EL Stärkemehl

୨୦୧

Für die Fleischbällchen alle Zutaten mit nassen Händen in einer großen Schüssel 5–10 Minuten gründlich zu einem glatten, elastischen Teig verkneten. Daraus mit nassen Händen walnussgroße Bällchen formen.

♦

Einen Topf zur Hälfte mit Wasser füllen, das Wasser zum Kochen bringen. 1 1/2 Teelöffel Salz hinzufügen, anschließend die Fleischbällchen und bei kleiner Hitze etwa 20 Minuten köcheln lassen.

♦

Inzwischen die Sauce zubereiten: Die Brühe in einem Topf mit Salz und Pfeffer würzen. Die Eigelbe in einer kleinen Schüssel verquirlen, dann den Zitronensaft tröpfchenweise unterschlagen. Die Mischung langsam in die Brühe rühren. Das Stärkemehl mit etwas Wasser verrühren und zur Sauce geben. Unter ständigem Rühren mit einem Holzlöffel etwa 10 Minuten sehr langsam erhitzen, aber keinesfalls kochen, sonst gerinnt sie – der türkische Name Terbiyeli bedeutet »Pass auf!«. Zuletzt sollte die Sauce eine cremige Konsistenz haben, etwa wie eine Hollandaise.

♦

Die Fleischbällchen mit dem Schaumlöffel aus dem Wasser in die fertige Sauce heben und ein paar Minuten ganz langsam erwärmen. Zu diesem Gericht passt ein Pilaw sehr gut.

muhklabah
moussaka auf arabische Art

Moussaka wurde im alten Bagdad zu Zeiten der Kalifen ersonnen, ebenso wie die Geschichten um Sindbad, Scheherazade und Alladin. Das Originalgericht heißt auf Arabisch Muhklabah, der uns eher geläufige Name Moussaka stammt aus Armenien.
Hier das Rezept für das arabische Original.

125 g Ghee (Butterfett)
450 g Lamm- oder Rinderhackfleisch
2 mittelgroße Auberginen, geschält
225 g brauner Reis oder Langkornreis,
unter kaltem Wasser mehrfach klargespült und abgetropft
900 ml Wasser
1/2 TL Kurkuma
1 TL Salz | 1/2 TL Piment
1/2 TL schwarzer Pfeffer
2 EL geschmolzene Butter

Zum Garnieren
100 g Mandeln oder Pistazien, gehackt

---

40 g Butterfett in einem Topf zerlassen und das Hackfleisch 10 Minuten rundum anbraten. Die Auberginen der Länge nach halbieren, dann quer in 1/2 cm dicke Scheiben schneiden. Das restliche Butterfett in einer großen Bratpfanne erhitzen und jeweils ein paar Auberginenscheiben beidseitig goldbraun braten. Mit einer Gabel herausnehmen und auf Küchenpapier abtropfen lassen.
Sobald alle Auberginenscheiben gebraten sind, den Boden einer feuerfesten Form einfetten und die Hälfte des angebratenen Hackfleischs darauf verteilen. Die Hälfte der Auberginenscheiben darauflegen und mit der Hälfte vom Reis bedecken. Anschließend wieder eine Lage Fleisch, dann Auberginen und zuletzt Reis einschichten.

♦

Wasser mit Kurkuma, Salz, Piment und Pfeffer in einem kleinen Topf aufkochen und 5 Minuten köcheln lassen, dann über die Zutaten in der Auflaufform gießen.

♦

Auf der mittleren Schiene im vorgeheizten Backofen bei 160 °C (Gas Stufe 3) 1 Stunde backen. Aus dem Ofen nehmen, die geschmolzene Butter darüberträufeln und mit den Nüssen bestreut servieren. Dazu einen grünen Salat reichen.

Reis
Nudeln

☙❦

Vermutlich brachten indopersische Volksstämme vor rund dreitausend Jahren erstmals Reis aus dem Fernen Osten zunächst nach Persien. Nach der Eroberung des Perserreichs durch die Araber im 7. Jahrhundert n. Chr. war das Getreide bald auf den Märkten von Bagdad, Damaskus und Alexandria zu finden. Und mit den Mauren schließlich gelangte der Reis über Spanien ins restliche Europa.

Neben Brot gilt Reis im Orient als das wichtigste Grundnahrungsmittel. Ob als Beilage oder eigenständiges Hauptgericht – dann fantasievoll kombiniert mit Fisch, Fleisch, Geflügel, Gemüse und natürlich Gewürzen –, Reis wird niemals einfach nur in Salzwasser gegart, sondern immer mit allergrößter Sorgfalt behandelt. Für jeden Gast ist die Qualität des zubereiteten Reises das Kriterium, nach dem er die Kochkunst seines Gastgebers beurteilt.

Safran, Kardamom, Honig und Rosenwasser, Mandeln, Datteln oder Aprikosen, Ingwer, Sesam oder schlicht und einfach Tomaten – der Variantenreichtum für Reisgerichte ist unendlich groß. Verwenden Sie für Pilaws immer hochwertigen Langkornreis, am besten Basmati (Duftreis).

Um die Herkunft der Nudeln ranken sich viele Legenden, insbesondere im Zusammenhang mit Marco Polo, der angeblich die Spaghetti von seinen Chinareisen mitbrachte. Nun, so weit hätte er für diese Entdeckung nicht fahren müssen, schon bei einem Zwischenstopp in Ajaccio, Konstantinopel oder irgendeinem Ort in Persien wären ihm etliche Spaghettigerichte vorgesetzt worden. Spätestens seit dem Mittelalter hat die persische, arabische und armenische Küche wundervolle Rezepte mit frischen, selbst gemachten Nudeln vorzuweisen. ❦

< *Wanddekoration mit* zellīj *und Stuck in der Qasba von Telouet in Marokko (19. Jh.).*

pilaw

Reis Grundrezept I

Außer im Iran, Irak und den Arabischen Golfstaaten ist diese Methode, Reis zu kochen, im Nahen und Mittleren Osten die am meisten verbreitete.

50 g Ghee (Butterfett) oder Butter
250 g Langkornreis, mehrfach in kaltem Wasser gewaschen und abgetropft
1 TL Salz
600 ml kochendes Wasser

Ghee oder Butter in einem Topf zerlassen. Den Reis zufügen und unter ständigem Umrühren 2–3 Minuten anbraten. Salz und das kochende Wasser hinzufügen und 3 Minuten sprudelnd kochen lassen, dann die Hitze stark reduzieren und den Reis zugedeckt etwa 20 Minuten sanft garen lassen, bis alle Flüssigkeit aufgesogen ist. Sobald sich auf der Oberfläche im Reis sichtbare Dellen bilden, den Herd ausschalten, den Deckel vom Topf nehmen, den Topf mit einem sauberen Tuch zudecken und den Deckel wieder aufsetzen. Den Reis so 10–15 Minuten ruhen lassen. Vor dem Servieren mit einer Gabel auflockern.

Reis Grundrezept II

In Syrien, im Libanon und in der Türkei kocht man Reis in der Regel nach dem folgenden Rezept.

600 ml Wasser
1/2 TL Salz
250 g Langkornreis, mehrfach in kaltem Wasser gewaschen und abgetropft
50 g Ghee (Butterfett) oder Butter

Das Wasser zum Kochen bringen, das Salz und den Reis dazugeben und alles 3 Minuten sprudelnd kochen. Den Topf zudecken, die Hitze reduzieren und den Reis 20 Minuten sanft garen, bis alle Flüssigkeit aufgesogen ist. Den Topf vom Herd nehmen, den Deckel abnehmen, den Topf mit einem sauberen Tuch zudecken und den Deckel wieder aufsetzen. 10–15 Minuten ruhen lassen. Inzwischen Ghee oder Butter in einem kleinen Topf zerlassen und – erst nach den 10–15 Minuten Ruhezeit – gleichmäßig auf dem Reis verteilen. Den Reis nochmals 5 Minuten ziehen lassen und anschließend servieren.

chelo
persischer Butterreis

ಉಂ

250 g Langkornreis, mehrfach in kaltem Wasser gewaschen und abgetropft
2 EL Salz
etwa 1,2 l Wasser
50 g geschmolzene Butter

ಉಂ

Den Reis und 1 Esslöffel Salz in eine Schüssel geben und so viel kaltes Wasser zugießen, dass das Wasser den Reis etwa 2,5 cm hoch bedeckt. Den Reis 2 Stunden lang einweichen. In einem Topf mit schwerem Boden und gut schließendem Deckel etwa 1 Liter Wasser zum Kochen bringen und das restliche Salz zufügen. Den eingeweichten Reis gut abtropfen lassen und nach und nach langsam in das Kochwasser einrieseln lassen – der Kochvorgang darf dabei auf gar keinen Fall unterbrochen werden. Sobald der gesamte Reis im Topf ist, diesen noch 5 Minuten weiterkochen lassen, dann über einem Sieb abgießen.

♦

150 ml Wasser und die Hälfte der Butter in den gleichen Topf geben, den Reis einfüllen und die restliche Butter auf dem Reis verteilen. Den Topf mit einem sauberen Tuch zudecken und den Deckel fest daraufsetzen (falls Sie auf einem Gasherd kochen, die Tuchenden oben auf dem Deckel zusammenknoten, damit sie nicht Feuer fangen).

♦

Den Reis nun bei sehr milder Hitze 20–25 Minuten garen, bis alle Flüssigkeit aufgesogen ist und die Reiskörner bissfest sind. Vom Herd nehmen und vor dem Servieren noch 10 Minuten ruhen lassen.

zaffron pollo
safranreis

Safranreis, eigentlich ein indisches Gericht, ist auch im südlichen Iran sehr beliebt. Leuchtend goldgelb sieht Safranreis nicht nur prächtig aus, er hat auch ein so wundervolles Aroma, dass man nur etwas Gemüse und Joghurt dazu reichen muss, um ein beeindruckendes Gastmahl auf den Tisch zu bringen.

50 g Butter
Samen von 4 Kardamomkapseln
4 ganze Nelken
1 Stück Zimtstange, etwa 3 cm lang
1 mittelgroße Zwiebel, fein gehackt
350 g Langkornreis, mehrfach in kaltem Wasser gewaschen und abgetropft
750 ml kochendes Wasser
1 TL Salz
1/4 TL Safranfäden, in 2 EL kochend heißem Wasser 20 Minuten eingeweicht

Die Butter in einem mittelgroßen Topf bei kleiner Hitze zum Schäumen bringen. Kardamomsamen, Nelken und Zimtstange dazugeben und unter ständigem Rühren 2 Minuten rösten. Die Zwiebeln dazugeben und unter gelegentlichem Rühren 8–10 Minuten goldgelb anschwitzen.

♦

Den Reis hinzufügen und bei mittelstarker Hitze unter ständigem Rühren 5 Minuten anbraten. Das kochende Wasser angießen, das Salz darüberstreuen und den aufgelösten Safran mit dem Einweichwasser unterrühren.

♦

Den Reis zugedeckt bei kleiner Hitze 15–20 Minuten garen, bis alle Flüssigkeit aufgesogen ist. Den Topf vom Herd nehmen, den Safranreis in eine Servierschüssel füllen und sofort dampfend heiß servieren.

chelo ta dig
knuspriger Reis

Dieser persische Butterreis erfordert sehr viel Sorgfalt, damit er unten eine goldbraune Knusperkruste erhält (ta dig bedeutet wörtlich übersetzt »Topfboden«). Doch die Mühe lohnt sich. Dafür geht man zunächst nach dem Chelo-Rezept auf Seite 149 vor – jedoch nur bis zu dem Moment, wo der Reis 5 Minuten vorgekocht und abgetropft ist. Danach gibt es zwei Methoden, die Knusperkruste zu erreichen:

Methode 1
Vom vorgekochten Chelo etwa 80 g entnehmen, diese Portion mit 1 Eigelb vermischen, auf dem Topfboden verteilen und dann den restlichen Reis daraufgeben.

Methode 2
Vom vorgekochten Chelo etwa 80 g entnehmen, diese Portion mit 75 g Joghurt und 1/2 Teelöffel Safran vermischen, auf dem Topfboden verteilen und anschließend den restlichen Reis daraufgeben.

♦

Bei beiden Methoden anschließend weiterverfahren wie bei Chelo beschrieben, den Reis allerdings 15–20 Minuten länger garen als dort angegeben. So bildet sich am Boden eine goldbraune, knusprige »ta dig«.

♦

Die Kruste aufbrechen, in Stücke schneiden und auf einer Servierplatte mit der goldbraunen Seite oben um den restlichen Reis herum hübsch drapieren.

plow azzari
ingwer-sesam-pilaw

Von der Küste des Kaspischen Meeres kommt dieses Rezept. Es ist bei türkisch sprechenden Aserbaidschanis und im Iran sehr beliebt.

50 g Butter oder Ghee (Butterfett)
250 g Langkornreis, mehrfach in kaltem Wasser gewaschen und abgetropft
1/2 TL frischer Ingwer, fein gerieben
2 TL Sesamsamen
600 ml kochendes Wasser
1 TL Salz
1/2 TL schwarzer Pfeffer

Zum Garnieren
50 g Mandelsplitter, geröstet

Die Butter in einer ofenfesten Form zerlassen und den Reis darin unter häufigem Umrühren 10 Minuten anschwitzen. Ingwer und Sesamsamen unterrühren und weitere 3 Minuten anschwitzen. Wasser, Salz und Pfeffer unterrühren und zum Kochen bringen.

♦

Die Form in den auf 180 °C (Gas Stufe 4) vorgeheizten Backofen schieben und den Reis etwa 35 Minuten garen, bis alle Flüssigkeit aufgesogen ist. Den Backofen ausschalten, nach 10 Minuten den Reis mit der Gabel auflockern, nochmals 15–20 Minuten ziehen lassen und erneut mit der Gabel auflockern. Mit Mandelsplittern bestreut servieren.

domatesli pilavi
Tomatenreis

Tomaten-Pilaw passt praktisch zu jedem Kebab. Er ist zart rosa gefärbt und duftet herrlich.

ഏരു

50 g Butter oder Ghee (Butterfett)
3 große Tomaten, blanchiert, gehäutet und grob gehackt
1 kleine Zwiebel, fein gehackt
1 Knoblauchzehe, fein gehackt
1/2 TL getrocknetes Basilikum
2 EL Petersilie, fein gehackt
1/2 TL schwarzer Pfeffer
1 TL Salz
250 g Langkornreis, mehrfach in kaltem Wasser gewaschen und abgetropft
600 ml kochendes Wasser

ഏരു

Die Butter in einem mittelgroßen Topf zerlassen. Tomaten, Zwiebeln, Knoblauch sowie alle Kräuter und Gewürze dazugeben und unter Rühren ein paar Minuten garen, bis die Zwiebeln weich sind. Den Reis unterrühren, 2–3 Minuten anschwitzen, das kochende Wasser angießen und den Reis nach dem Grundrezept I (siehe Seite 148) fertiggaren.

tutumi pilaw
Kürbis-Pilaw süß-sauer mit Aprikosen

In Armeniens Küche spielen Kürbisse eine wichtige Rolle. Dieses Pilaw mit Kürbis, Sultaninen und Aprikosen ist typisch für iranisch-kaukasische Süß-Sauer-Gerichte.

∽∾

175 g Langkornreis, mehrfach in kaltem Wasser gewaschen und abgetropft
225 ml Wasser
1 TL Salz
1 TL getrocknete Dillspitzen
50 g Sultaninen
3–4 getrocknete Aprikosen, in schmale Streifen geschnitten
450 g Kürbis, geschält und längs in 1 cm dicke Scheiben geschnitten
50 g Zucker
75 g geschmolzene Buttter

∽∾

Den Reis mit dem Wasser in einem Topf aufsetzen, zum Kochen bringen und 10 Minuten köcheln lassen. Salz, Dill, Sultaninen und Aprikosen dazugeben und weitere 5 Minuten sanft köcheln lassen. In ein Sieb geben und mit kaltem Wasser abspülen.

♦

Eine ofenfeste Form oder einen Bräter (mit Deckel) dünn mit Butter ausstreichen, die Hälfte der Kürbisscheiben auf dem Boden verteilen, mit einem Drittel des Zuckers bestreuen und einem Drittel der geschmolzenen Butter beträufeln. Den Reis in einer Schüssel mit der Hälfte des restlichen Zuckers und der Hälfte der restlichen Butter vermischen. Dann auf den Kürbisscheiben verteilen.

♦

Die restliche Butter in einer Bratpfanne zerlassen und die restlichen Kürbisscheiben ein paar Minuten anbraten, dabei einmal wenden. Die Kürbisscheiben dekorativ auf dem Reis verteilen, mit dem restlichen Zucker bestreuen und die Butter aus der Pfanne darüberträufeln.

♦

Den Deckel auf den Bräter setzen und auf der mittleren Schiene im vorgeheizten Backofen bei 180 °C (Gas Stufe 4) 40–45 Minuten garen. Heiß servieren.

muhamar
süßes pilaw

Safran, Kardamom, Honig und Rosenwasser geben dieser Spezialität aus Bahrain Farbe und ein wundervolles Aroma. In arabischen Golfstaaten ist Muhamar an der Küste sehr beliebt. Das süße Pilaw wird dort nicht nur zu Kebabs aller Art, sondern vor allem zu Fisch und Garnelen aufgetragen.

3 EL Rosenwasser
1/2 TL Safranfäden
Samen von 4 Kardamomkapseln
600 ml kochendes Wasser
225 g Langkornreis, mehrfach in kaltem Wasser gewaschen und abgetropft
2 TL Salz
3 EL Honig
50 g Butter oder Ghee (Butterfett)

Safranfäden und Kardamom in einer Tasse in dem Rosenwasser ziehen lassen.

Das kochende Wasser in einen Topf gießen, Reis und Salz dazugeben und 10 Minuten kochen. In einem Sieb abtropfen lassen. Den Reis in einer Schüssel mit dem Honig gut vermischen.

Butter oder Ghee in einem Topf zerlassen. Den Reis hinzufügen und den Topf zudecken. Den Reis bei sehr kleiner Hitze 15 Minuten garen. Das Rosenwasser mit Safran und Kardamom unterheben, den Topf wieder zudecken und den Reis weitere 10–15 Minuten garen. Vor dem Servieren 10 Minuten ruhen lassen.

roz-bil-tamar
pilaw mit Mandeln und Datteln

Ein »Oasen«-Pilaw, wie es Beduinen seit Jahr und Tag zubereiten.

50 g Butter oder Ghee (Butterfett)
250 g Langkornreis, mehrfach in kaltem Wasser gewaschen und abgetropft
1 TL Salz
600 ml kochendes Wasser

Zum Garnieren
50 g Butter
50 g Mandeln, blanchiert
75 g frische Datteln, entsteint
50 g Rosinen oder Sultaninen
1 TL Rosenwasser

Den Reis nach dem Grundrezept I (siehe Seite 148) zubereiten.

♦

Während der Reis »ruht«, 25 g Butter oder Ghee in einer großen Bratpfanne zerlassen und die Mandeln unter ständigem Rühren eben hellgoldbraun anrösten (nicht zu dunkel, sonst schmecken sie bitter). Die restliche Butter, Datteln und Rosinen oder Sultaninen untermischen und unter häufigem Umrühren einige Minuten garen.

♦

Die Pfanne vom Herd nehmen und das Rosenwasser unterrühren. Zum Servieren die Dattel-Mandel-Mischung komplett auf dem Reis verteilen.

burghul-bi-spanikh
Bulgur-Spinat-Pilaw

Im ganzen Mittleren Osten ist diese arabische Spezialität aus dem Libanon sehr beliebt, besonders aber bei den Kurden und Syrern.

෨෬

250 g grob geschroteter Bulgur
8 EL Pflanzenöl
1 mittelgroße Zwiebel, fein gehackt
1 Knoblauchzehe, fein gehackt
225 g frischer Blattspinat, geputzt, gewaschen und grob gehackt
1 TL Salz
1/2 TL schwarzer Pfeffer
450 ml kochendes Wasser

෨෬

Den Bulgur in einem feinmaschigen Sieb mit kaltem Wasser abspülen, bis das Wasser ganz klar ist. Gut abtropfen lassen.

♦

Das Öl in einem Topf erhitzen und die Zwiebeln glasig anschwitzen. Den Knoblauch zugeben und kurz mit anschwitzen. Den Spinat dazugeben, umrühren, den Topf zudecken und den Spinat knapp bissfest garen. Bulgur, Salz, Pfeffer und Wasser hinzufügen (nicht umrühren) und bei kleiner Hitze 15 Minuten sanft köcheln lassen.

♦

Zum Ende der Garzeit die Hitze reduzieren und den Bulgur beobachten – sobald alle Flüssigkeit aufgesogen ist, den Topf vom Herd nehmen, zudecken und 10–15 Minuten ruhen lassen.

♦

Zum Anrichten den Bulgur auf eine Servierplatte stürzen, sodass der Spinat oben liegt. Brot und Joghurt dazu reichen.

kasmag pilaw
Reis-Teig-Pilaw mit Granatapfelkernen

Bei diesem Rezept aus Aserbaidschan wird der Reis auf einem »Kasmag« – einer dünnen Teigschicht – gekocht, mit Safran golden gefärbt und üppig mit Granatapfelkernen verziert. Ein Augen- und Gaumenschmaus.

ഔര

1 Ei
Salz
75 g Mehl
2,4 l Wasser
250 g Langkornreis, mehrfach in kaltem Wasser gewaschen und abgetropft
1/4 TL Safran
1/2 TL Pflanzenöl
110 g geschmolzene Butter

Zum Garnieren
Kerne von 1 Granatapfel

ഔര

Das Ei in einer mittelgroßen Schüssel schaumig schlagen. Eine Prise Salz und 50 g Mehl dazugeben und glatt rühren. Das restliche Mehl nach und nach unterrühren, bis ein glatter Teig entsteht, der nicht an den Fingern klebt. Den Teig auf einer bemehlten Arbeitsfläche ausrollen.

♦

Eine Kasserolle auf den ausgerollten Teig legen, den Teig rundherum abschneiden und ruhen lassen.

♦

Das Wasser mit Safran und Salz in einem anderen großen Topf zum Kochen bringen. Den Reis nach und nach einrieseln lassen, und zwar so, dass das Wasser ständig weiterkocht. Sobald aller Reis im Topf ist, noch 10 Minuten sprudelnd kochen lassen, dann in einem Sieb abtropfen lassen.

♦

Den Boden der Kasserolle mit dem Öl einstreichen, den passend zugeschnittenen Teig darauflegen und großzügig mit einem Teil der geschmolzenen Butter bestreichen. Den abgetropften Reis darauf verteilen und mit der restlichen Butter beträufeln. Die Kasserolle zuerst mit einem sauberen Küchentuch, dann mit dem Deckel zudecken und den Reis bei kleiner Hitze 35–40 Minuten garen.

♦

Den Reis stürzen, die goldbraune Teigkruste abheben, wie eine Torte in Stücke schneiden und diese um den Reis herum drapieren. Zum Servieren den Reis großzügig mit Granatapfelkernen bestreuen.

kyurza
Gefüllte Lamm-Teigtaschen

Diese Spezialität aus Aserbaidschan ähnelt den zahlreichen Nudelgerichten aus der Mongolei. Tatsächlich sind die Aserbaidschanis ethnisch und kulturell mit den Mongolen und Tartaren, die auf der Suche nach Weideplätzen ihr riesiges Gebiet durchzogen, eng verbunden.
Kyurza-Gerichte, also gefüllte Teigtaschen, sind vom Balkan über Afghanistan und Zentralasien bis nach China weit verbreitet.
Servieren Sie zu den Lamm-Teigtaschen eine Schüssel frischen Joghurt.

Grundrezept Rishta-Teig (siehe Seite 166)

Für die Füllung
4 EL Ghee (Butterfett)
225 g Lammfleisch, fein gehackt
1 Zwiebel, fein gehackt
1 TL Salz | 1/2 TL schwarzer Pfeffer

Zum Garnieren
1 TL Zimt
2 TL Petersilie oder Estragon, fein gehackt

Den Rishta-Teig wie auf Seite 166 beschrieben herstellen. Zwei Kugeln formen und mit einem feuchten Tuch bedecken.

♦

Butterfett in einem Topf zerlassen, Zwiebeln und Lammhack dazugeben und unter Rühren anbraten, bis die Zwiebeln weich sind und das Fleisch zart gebräunt ist. Mit Salz und Pfeffer würzen und beiseite stellen.

♦

Die Arbeitsfläche mit Mehl bestäuben, darauf die Teigkugeln der Reihe nach so dünn wie möglich ausrollen. Aus den Teigplatten Kreise mit einem Durchmesser von je 7,5 cm ausstechen. Auf die untere Hälfte jedes Teigkreises etwa 1 1/2 Teelöffel der Fleischfüllung setzen. Die Ränder mit kaltem Wasser befeuchten, die Kreise zu Halbmonden zusammenklappen und die Ränder mit einer Gabel fest andrücken. Diesen Vorgang so oft wiederholen, bis alle Zutaten aufgebraucht sind.

♦

Jeweils 6–8 Teigtaschen in einen Topf mit reichlich kochendem Salzwasser geben und 8–10 Minuten sanft sieden lassen, bis sie an die Oberfläche steigen. Mit einem Schaumlöffel herausheben, auf Küchenpapier abtropfen lassen und in einer feuerfesten Form im Backofen warm halten. Sollte Fleischfüllung übrig sein, diese erhitzen und über die Nudeln verteilen. Zuletzt mit Zimt und Kräutern bestreuen.

rishta
frische Nudeln

»Faden« bedeutet das persische Wort »Arshta« oder »Reshda« für Nudeln, auf Arabisch heißen sie Rishta, armenisch Arsha, türkisch Sehriye … Wie immer sie auch heißen, Nudeln werden in den ländlichen Gegenden des Mittleren und Nahen Ostens auch heute noch oft selbst und von Hand gemacht, und das in den vielfältigsten Formen. Industrielle Produkte erobern natürlich auch mehr und mehr die Haushalte.

♦

Das folgende Rezept ist typisch für lange, flache Nudeln, ähnlich wie Tagliatelle, man kann damit aber auch Teigtaschen (wie zum Beispiel Ravioli) machen.

450 g Mehl
1 TL Salz
2 Eier, verquirlt
5–6 EL Wasser

Mehl in eine große Schüssel sieben und mit dem Salz vermischen. In die Mitte eine Mulde drücken, die verquirlten Eier und 4 Esslöffel Wasser zufügen und alles gut vermischen. Zu einem festen Teig kneten, dabei, falls nötig, noch etwas Wasser zufügen. Den Nudelteig gut 10 Minuten kräftig kneten.

♦

Eine Arbeitsfläche mit Mehl bestäuben, den Teig in 3–4 Portionen teilen. Jede Portion mit dem Nudelholz von der Mitte nach außen so dünn wie möglich ausrollen. Die Nudelteigplatten etwa 45 Minuten ruhen lassen. Jede Nudelteigplatte vorsichtig zusammenrollen, dann quer in 6 mm schmale – oder je nach Bedarf in noch schmalere – Scheiben schneiden.

♦

Die Nudeln in einen Topf mit reichlich kochendem Salzwasser geben und maximal 5 Minuten ziehen lassen, dann abgießen.

rishta-bil-adas
Nudeln mit Linsen

Ein Rezept aus dem Libanon, so alt wie die Berge ... jedenfalls ganz bestimmt älter als Marco Polos »Spaghetti«.

※

225 g Linsen, gewässert
225 g frische Rishta (siehe linke Seite), in 7 cm lange Stücke geschnitten
6 EL Pflanzenöl oder geschmolzene Butter
1 Zwiebel, fein gehackt
1 TL Salz
1 Knoblauchzehe, fein gehackt
1 EL frischer Koriander, fein gehackt, oder 1/2 EL gemahlener Koriander

※

Einen Topf zur Hälfte mit Wasser füllen. Die Linsen hinzufügen und zum Kochen bringen. Anschließend bei kleiner Hitze weich köcheln. Abtropfen lassen und beiseite stellen.

♦

Kurz bevor die Linsen gar sind, die Nudeln in einem anderen Topf in reichlich Salzwasser bissfest kochen und abgießen. Parallel dazu Öl oder Butter in einem Topf erhitzen, Zwiebeln, Salz, Knoblauch und Koriander zufügen und anschwitzen. Mit den abgetropften Linsen und Nudeln vermischen.

♦

Alles unter ständigem Rühren langsam erwärmen, in einer Schüssel servieren und Joghurt sowie grünen Salat dazu reichen.

Brot

Die ältesten Zeugnisse des Brotbackens als Teil der Kulturgeschichte des Menschen stammen aus dem Nahen und Mittleren Osten, aus den Gebieten der heutigen Länder Libanon, Syrien, Türkei und Irak. Somit verwundert es nicht, dass es Hunderte von Brotsorten gibt.

Brot ist das Grundnahrungsmittel Nummer eins, mehr noch: Brot ist »Leben«, genauso wird es auf Arabisch auch genannt: »Aish«. Das »tägliche Brot« fehlt zu keiner Mahlzeit, wird zu jedem Gericht gegessen, natürlich frisch gebacken. Im Orient essen die Menschen mehr Brot als Gemüse, Früchte und Fleisch zusammen, und wenn die Brotpreise steigen, erhitzt dies die Gemüter mehr als jedes andere Politikum. Nichts wird auch mit so viel Ehrfurcht behandelt, ganz besonders in arabischen Ländern. Man lässt kein Krümelchen verkommen, sondern verwendet hart gewordenes Brot zum Beispiel in Salaten wie Fattoush (siehe Seite 63).

Am populärsten ist wohl Khubz arabi, besser bekannt als Pitabrot, auch wenn Lavasch (Fladenbrot, siehe Seite 172) womöglich noch älter ist. Pitabrot jedenfalls wurde schon in Assyrien und Babylonien gebacken, gelangte mit römischen Soldaten nach Italien und kann mit Fug und Recht als der Vorläufer der Pizza bezeichnet werden.

< *Blick in eine der Backsteinkuppeln der Großen Moschee von Thatta, Pakistan (1644–1647).*

khubz arabi
Arabisches Brot, Pitabrot

»Du kannst das Brot essen, das eine Frau mit schmutzigen Händen gebacken hat, aber iss nicht das Brot von einer Frau, die dich ständig daran erinnert, dass du es von ihr erhalten hast.«
Arabische Weisheit

Khubz arabi, bei uns als Pitabrot bekannt, passt ideal zu so gut wie jedem arabischen Gericht.

Für 8 Stück
15 g frische Hefe oder 7 g Trockenhefe
1 TL Zucker
etwa 300 ml lauwarmes Wasser
450 g Mehl
1/2 TL Salz
1 EL Pflanzenöl

Den Hefeteig vorbereiten wie bei Lavasch beschrieben (siehe Seite 172). Dabei zuletzt 1 Esslöffel Öl unterkneten. Den Teig zu einer dicken Kugel formen.

♦

Die Teigkugel in einer großen Schüssel rollen, sodass sie innen rundum eingeölt ist – das verhindert, dass der Teig während des Aufgehens trocken wird und reißt. Mit einem feuchten Tuch bedecken und mindestens 2 Stunden an einen warmen Ort stellen, bis sich das Volumen verdoppelt hat. Den Teig auf einer Arbeitsfläche nochmals ein paar Minuten kräftig durchkneten, in 8 Stücke teilen und diese zu glatten Kugeln formen.

♦

Die Arbeitsfläche mit Mehl bestäuben, die Teigkugeln zu kreisrunden, etwa 1/2 cm dicken Scheiben ausrollen. Die Oberseiten der Fladen mit Mehl bestäuben und alles mit einem bemehlten Tuch bedecken. Weitere 20–30 Minuten an einem warmen Platz ruhen lassen.

♦

Den Backofen auf 230–240 °C (Gas Stufe 8–9) vorheizen, in der zweiten Hälfte der Vorheizzeit zwei große mit Öl eingefettete Backbleche mit vorheizen. Die Fladen auf die heißen Backbleche legen, die Oberseiten leicht mit Wasser befeuchten, damit sie nicht braun werden, und 10 Minuten backen. Während der gesamten Backzeit den Ofen nicht öffnen, denn die Fladen blähen sich wie ein Ballon auf und fallen, sobald der Dampf entweicht, wieder zusammen. Das Ergebnis sind taschenartige Fladen, außen fest und innen weich, die man nur am Rand leicht anschneiden muss, um sie mit beliebigen Zutaten zu füllen. Die Pitas auf einem Rost auskühlen lassen.

khubz el-saluf
Brot mit Hulba

Im Jemen ebenso wie in den angrenzenden Regionen Maskat und Oman bestreicht man dieses würzige Brot mit Hulba, einer Bockshornkleepaste, die dem Brot ein wundervolles Aroma verleiht. Bockshornkleesamen erhält man in gut sortierten Gewürz- und Bioläden, auf der Packung ist manchmal der englische Name »Fenugreek seeds« oder der indische »Methi« zu lesen. Als Mehl eignet sich am besten eine 1:1-Mischung aus Weiß- und Vollkornmehl. Dieses Brot passt gut zu Fleisch, Fisch und Kebabs.

Für 8–10 Stücke
15 g frische Hefe oder 7 g Trockenhefe
350 ml warmes Wasser
450 g Mehl | 1/2 TL Salz

Zum Bestreichen
2 TL Bockshornkleesamen, über Nacht in 100 ml Wasser eingeweicht
1 Knoblauchzehe
50 g Koriandergrün, gehackt
1/2 TL Salz
1 EL Zitronensaft | 2 EL Wasser
etwas geschmolzenes Ghee (Butterfett) oder Butter

Den Hefeteig vorbereiten wie bei Lavasch beschrieben (siehe Seite 172) und mindestens 3 Stunden bedeckt an einem warmen Platz ruhen lassen, bis sich das Volumen verdoppelt hat.

♦

Inzwischen die Paste vorbereiten. Das Einweichwasser abgießen und die Bockshornkleesamen im Mixer zusammen mit Knoblauch, Koriandergrün, Salz, Zitronensaft und Wasser pürieren. In eine kleine Schüssel füllen und bis zum Gebrauch kühl stellen.

♦

Zwei gefettete Backbleche in den Backofen schieben und diesen auf 250 °C (Gas Stufe 10) vorheizen. Den Teig erneut ein paar Minuten durchkneten, dann in 8–10 Stücke teilen und diese so lange mit den Handballen bearbeiten, bis sie weich sind. Zu Kugeln rollen, dann zu Fladen von 18–20 cm Durchmesser ausrollen. Jeden Fladen mehrmals mit der Gabel einstechen, damit er sich beim Backen nicht wölbt.

♦

Auf jeden Fladen etwas geschmolzenes Butterfett oder geschmolzene Butter streichen. Darauf vorsichtig je 1 Teelöffel der vorbereiteten Paste verteilen. Die Fladen auf die heißen Backbleche gleiten lassen und etwa 5 Minuten backen. Heiß servieren.

lavasch
knusprige dünne Fladen

Im gesamten Mittleren Osten sind Fladen die älteste Form von Brot.
Lavasch – dünn und knusprig – gibt es in verschiedenen Formen: als kleine Scheiben, als lange Ovale oder als runde Fladen mit Durchmessern von bis zu 60 cm. Sie halten extrem lange, ohne zu schimmeln. Früher wurden die Fladen in großen Mengen gebacken, in Linnen eingeschlagen und 3–4 Monate lang aufbewahrt. Die Öfen – armenisch Tonir – waren aus Lehm und sind es oft heute noch. In vielen arabischen Ländern backt man die Fladen heute wie eh und je in kuppelförmigen gusseisernen Öfen, die von unten mit Holz befeuert werden.
Lavasch nach dem folgenden einfachen Rezept passt ideal zu Dips und Salaten und eignet sich wunderbar zum Einwickeln von Kibbeh und Kebabs.

Für 12–15 Fladen
15 g frische Hefe oder 7 g Trockenhefe
1 TL Zucker
lauwarmes Wasser
700 g Mehl | 1 TL Salz

Die Hefe und den Zucker in einem Schälchen in 300 ml lauwarmem Wasser auflösen und etwa 10 Minuten an einen warmen Ort stellen, bis die Hefe Blasen wirft.

♦

Das Mehl in eine große Schüssel sieben und mit dem Salz vermischen. In die Mitte eine Mulde drücken, die Hefemischung und das lauwarme Wasser hinzufügen und zu einem festen Teig verarbeiten.

♦

Den Teig zu einer Kugel formen und auf einer bemehlten Arbeitsfläche etwa 10 Minuten lang kräftig durchkneten, bis er glatt, geschmeidig und elastisch ist. In eine saubere Schüssel legen und mit einem Tuch bedeckt etwa 2–3 Stunden an einen warmen Platz stellen, bis sich das Volumen verdoppelt hat. Den Teig auf einer bemehlten Arbeitsfläche erneut ein paar Minuten durchkneten und wieder in die Schüssel geben, nochmals zugedeckt 30 Minuten ruhen lassen.

♦

Die Arbeitsfläche frisch mit Mehl bestäuben, den Teig in etwa 12–15 Stücke teilen und diese zu apfelgroßen Kugeln rollen. Jede Kugel nach allen Seiten zu dünnen Fladen mit einem Durchmesser von 20–25 cm ausrollen. Zwischendurch die Arbeitsfläche immer wieder frisch bemehlen.

♦

Den Boden des Backofens mit Alufolie auslegen und den Ofen auf 200 °C (Gas Stufe 6) vorheizen. Die Fladen der Reihe nach etwa 3 Minuten lang auf der Alufolie backen, herausnehmen, aufeinanderstapeln und mit einem sauberen Küchentuch bedecken, bis alle Fladen gebacken sind.

elioti
olivenbrot

»Während Oliven dem Gedächtnis schaden, sorgt Olivenöl für einen klaren Kopf.«
Aus den Midrasch Tehillim (Psalmen aus dem 11. Jh.)

Dieses wundervoll würzige Weißbrot mit Oliven und Zwiebeln ist eine hauptsächlich armenische und griechische Spezialität, die von orthodoxen Christen traditionell in der 40-tägigen Fastenzeit gebacken wird – früher waren in dieser Zeit nicht nur Fleisch und Eier, sondern auch Milchprodukte tabu. In Nordzypern wird das Weißbrot türkisch Ekmek oder Zeytin Ekmeği genannt, bei den Armeniern heißt es Tsit-Hats und in Nordsyrien Khubz az-Zaitun.

Für 2 Brotlaibe
15 g frische Hefe oder 8 g Trockenhefe
1 TL Zucker
etwa 300 ml lauwarmes Wasser
450 g Mehl | 1/2 TL Salz

Für die Füllung
1 EL Olivenöl
1 mittelgroße Zwiebel, fein gehackt
15–20 Oliven, halbiert und ohne Stein
Öl zum Bestreichen

Den Teig herstellen, wie im Rezept Khubz arabi (siehe Seite 170) beschrieben. In zwei Hälften teilen und zu glatten Kugeln formen. Jede Teigkugel zu 20 x 40 cm großen und 1/2 cm dicken Rechtecken ausrollen. Mit einem feuchten Tuch bedecken.

♦

In der Zwischenzeit die Füllung zubereiten. Das Öl in einem kleinen Topf erhitzen, die Zwiebeln glasig anschwitzen, die Oliven untermischen, den Topf vom Herd nehmen und abkühlen lassen.

♦

Ein Teigrechteck mit der Längsseite vorn vor sich hinlegen, die Hälfte der Olivenmischung darauf verteilen, dabei jedoch rundum einen breiten Rand frei lassen. Den Teig von der Längsseite her einmal zusammenrollen und einen rundum geschlossenen Brotlaib daraus formen, mit der überlappenden Nahtstelle unten. Das Gleiche mit dem zweiten Teigrechteck wiederholen. Mit einem sehr scharfen, spitzen Messer die Brotlaibe an der Oberseite drei- bis viermal schräg einschneiden. Mit einem Tuch bedecken und 30 Minuten ruhen lassen. Die Brote oben mit Öl bestreichen und im vorgeheizten Backofen bei 190 °C (Gas Stufe 5) etwa 40 Minuten goldbraun backen. Heiß oder kalt genießen.

mana'esh
Thymianbrot

Im Libanon gibt es Mana'esh, auch Mana'esh Zatar genannt, in zwei Formen: Die eine beschreiben wir im folgenden Rezept, die andere, Kaahk Mana'esh, ist rund und in der Mitte leicht eingedellt, zum Essen füllt man das Brot mit Zatar (siehe Seite 35) oder stippt es hinein und trinkt Kaffee dazu.
Mit dem folgenden Rezept erhalten Sie runde, gleichmäßig flache Brote, die wunderbar zum Frühstück, zum Tee und zum Kaffee passen.

Für 10 Brote
15 g frische Hefe oder 8 g Trockenhefe
1 TL Zucker
300 ml lauwarmes Wasser
450 g Mehl
1/2 TL Salz

Für den Belag
5–6 EL Olivenöl
15 g getrockneter Thymian
8 g getrockneter Majoran
3 EL Sesamsamen

Den Teig wie im Rezept für Khubz arabi (siehe Seite 170) vorbereiten, dann in zehn Stücke teilen und diese zwischen den Handballen zu glatten, geschmeidigen Kugeln rollen. Die Teigkugeln der Reihe nach auf einer bemehlten Arbeitsfläche zu etwa 12,5 cm großen und 3 mm dicken runden Scheiben ausrollen. 20 Minuten an einem warmen Ort ruhen lassen.

♦

Die Oberflächen mit etwas Öl bestreichen. Das restliche Öl mit Thymian, Majoran und Sesamsamen verrühren und im Mörser oder Mixer zu einer Paste verarbeiten. Die Kräuterpaste auf allen Broten gleichmäßig verteilen.

♦

Den Backofen auf 230 °C (Gas Stufe 8) vorheizen, nach ein paar Minuten zwei eingefettete Backbleche mit vorheizen. Die Fladen auf die heißen Bleche gleiten lassen und etwa 8 Minuten backen. Das Brot soll nicht bräunen und auch nicht knusprig werden, sondern weiß und weich sein. Aus dem Ofen nehmen und auf einem Gitter auskühlen lassen.

hasd hats
fettes Brot

»Ausschließlich am Himmelfahrtstag brachte meine Großmutter ein Brot auf den Tisch, das sie Hasd Hats – dickes oder fettes Brot – nannte. Das folgende Rezept hat meine Tante aus Bagdad aus ihrem Gedächtnis rekonstruiert – das Ergebnis ist ein wunderbar knuspriges Brot, wie es ganz bestimmt noch in den armenischen Dörfern Kilikiens gebacken wird.«

Arto der Haroutunian

Wie der Name vermuten lässt, ist Hasd Hats ein Sattmacher. Den Belag kann man nach Gusto variieren.

Für den Teig
150 ml Milch
150 ml lauwarmes Wasser
3/4 EL Schmalz
3/4 EL Butter
1 EL Zucker
1/2 TL Salz
15 g frische Hefe oder 8 g Trockenhefe
450 g Mehl, gesiebt

Für den Belag
1/4 TL Ingwer, gerieben
1 1/2 EL Sesamsamen, geröstet
1 TL ganze Kreuzkümmelsamen, geröstet
1 TL ganze Anissamen
1 TL Mohnsamen
1 1/2 EL Parmesan oder Cheddar, gerieben
1 EL Pistazienkerne, gehackt
1 TL Salz
1/2 TL schwarzer Pfeffer
2 Eigelb

Bei den genannten Körnern und Samen können Sie nach Lust und Laune variieren, nur die Gesamtmenge sollte am Ende stimmen.

◆

Die Milch in einem kleinen Topf erhitzen, die Hälfte des Wassers dazugießen, mit Butter, Zucker und Salz verrühren und abkühlen lassen, bis die Flüssigkeit lauwarm ist. Inzwischen die Hefe im restlichen lauwarmen Wasser auflösen und die Mischung in eine große Schüssel geben. Nach und nach das Mehl untermischen, anfangs mit einem Holzlöffel, dann mit den Händen, bis ein weicher, glatter Teig entsteht. Den Teig auf einer bemehlten Arbeitsfläche etwa 10–15 Minuten kneten, bis er geschmeidig und elastisch ist. Den Teig zu einer Kugel formen.

◆

Eine Schüssel innen mit Öl bestreichen und die Teigkugel darin ein paar Mal rollen, sodass rundum etwas Öl am Teig haftet – so trocknet er nicht aus. Die Schüssel mit einem feuchten Tuch bedecken und etwa 2 Stunden an einen warmen Platz stellen, bis sich das Volumen verdoppelt hat. Den Teig nochmals ein paar Minuten kräftig kneten, wieder zur Kugel formen und diese auf einem geölten Backblech etwa 2–2,5 cm dick nach allen Seiten ausrollen.

◆

Alle Zutaten für den Belag in einem Mörser vermischen und zu Mus verarbeiten. Diese Paste gleichmäßig auf dem Brot verteilen, dann nochmals 30 Minuten an einem warmen Ort ruhen lassen.

◆

Das Brot etwa 10 Minuten im vorgeheizten Backofen bei 230 °C (Gas Stufe 8) backen, die Temperatur dann auf 180 °C (Gas Stufe 4) herunterschalten. Nach weiteren 30 Minuten das Brot herausnehmen und zum Test auf den Boden klopfen: Wenn es hohl klingt, ist das Brot fertig.
Auf einem Gitter auskühlen lassen.

pakhtakata
Glücksbrot

Ein süßes Brot, das im Nahen und Mittleren Osten am Ende der Fastenzeit gereicht wird. Im Brot ist eine Münze versteckt, daher der Name. Im Arabischen nennt man es Qidaase, heiliges Brot.

Für 2 Brote
450 g Mehl
1 Päckchen Backpulver
2 1/2 TL Salz
120 ml plus 2 EL klarer Honig
120 ml plus 2 EL Pflanzenöl
etwa 120 ml Wasser
2 saubere Münzen

Das Mehl mit dem Backpulver in eine große Schüssel sieben und mit dem Salz vermischen. Je 120 ml Honig, Öl und Wasser in einem kleinen Topf vermischen und leicht erwärmen. Dann mit dem Mehl vermengen und mit eingeölten Händen mindestens 5 Minuten lang zu einem glatten Teig kneten. Falls nötig, etwas lauwarmes Wasser nachgießen und die Hände zwischendurch mit dem restlichen Öl benetzen.

♦

Den Teig, der ziemlich fest sein sollte, zu einer Kugel rollen, zuerst in Plastikfolie und anschließend in ein Tuch einschlagen. 30 Minuten ruhen lassen.

♦

Den Teig in zwei Hälften teilen, zu Kugeln rollen und in jede eine Münze stecken. Die Kugeln der Reihe nach zu etwa 15–20 cm großen kreisrunden Platten ausrollen. Jede Teigplatte mit den Zinken einer Gabel hübsch verzieren oder damit kleine Grübchen hineindrücken.

♦

Ein großes Backblech mit dem restlichen Öl bestreichen, die Teigplatten daraufgleiten lassen und weitere 30 Minuten beiseite stellen. Die Oberflächen dann mit dem restlichen Honig bestreichen und im vorgeheizten Backofen bei 180 °C (Gas Stufe 4) auf der mittleren Schiene 20 Minuten backen. Danach das Backblech auf die oberste Schiene schieben und nochmals 20 Minuten backen. Das Brot wird nicht hoch aufgehen und sollte eine goldbraune Farbe haben, wenn es fertig ist.

♦

Ein Glücksbrot teilt man in so viele Stücke, wie Personen am Tisch sitzen.
Glücklich, wer die Münze erwischt.

challah
sabbat-mohnzopf

»Drei Dinge sind in kleiner Dosis gut und in großer schlecht: Salz, Hefe und Zaudern.«
Jüdische Weisheit

Jüdische Religion, Kultur und Geschichte machen aus Challah viel mehr als »nur« Brot. Das folgende Rezept ergibt einen etwa 30 cm langen Zopf.

❧☙

15 g frische Hefe oder 8 g Trockenhefe
1 EL Zucker
600 ml lauwarmes Wasser
700 g Mehl | 2 TL Salz
1 Ei | 1 verquirltes Eigelb

Zum Garnieren
2 EL Mohnsamen

❧☙

Die Hefe und den Zucker in einem Schälchen mit einigen Esslöffeln von dem lauwarmem Wasser gut verrühren und etwa 10 Minuten an einen warmen Ort stellen, bis die Hefe Blasen wirft.

♦

Das Mehl in eine große Schüssel sieben und in die Mitte eine Mulde drücken. Das Öl, das Ei, die Hefemischung und so viel lauwarmes Wasser dazugeben, dass man einen recht festen Teig kneten kann.

♦

Nach dem Vermengen in der Schüssel den Teig auf einer bemehlten Arbeitsfläche etwa 10 Minuten kräftig kneten, bis er glatt und elastisch ist. Mit einem Tuch bedecken und 2 Stunden an einem warmen Platz ruhen lassen, bis sich das Volumen verdoppelt hat. Auf der Arbeitsfläche nochmals ein paar Minuten durchkneten und in drei ungleiche Stücke teilen: ein großes, ein mittelgroßes und ein kleines Stück.

♦

Das große Stück in drei gleich große Stücke teilen, jedes Stück zu einem etwa 36 cm langen Strang rollen und die drei Stränge zu einem Zopf flechten. Das Gleiche mit dem mittelgroßen und dem kleinen Teigstück wiederholen. Den dicksten Zopf zuerst auf ein gefettetes Backblech legen, den mittelgroßen Zopf auf dem dicken Zopf fest anpressen und schließlich den dünnen Zopf auf dem mittleren. Nun die ganze Oberfläche des Laibs mit dem Eigelb bestreichen und darauf den Mohn streuen.

♦

Im vorgeheizten Backofen bei 180 °C (Gas Stufe 4) auf der mittleren Schiene etwa 1 Stunde backen. Klingt das Brot hohl, wenn man von unten daran klopft, ist es gut.
Auf einem Kuchengitter auskühlen lassen.

Desserts Getränke

Frei nach einem arabischen Sprichwort könnte man sagen: »Ein Orientale, der Süßes nicht mag, wäre wie ein Muslime, der nicht ans Paradies glaubt.« Völker- und länderübergreifend tischt der Orient üppige Nachtische zu jeder Gelegenheit im Überfluss auf – und noch viel mehr zu religiösen oder anderen festlichen Anlässen.

Natürlich hat jede Region ihre ureigenen Spezialitäten, wovon wir eine Auswahl vorstellen. Manche, wie etwa das weiße Kunafeh (siehe Seite 184), erfordern viel Aufwand und Sorgfalt, was sich aber unbedingt lohnt. Andere erhalten ihr Aroma durch außergewöhnliche Zutaten wie Rosenwasser, ein Destillat aus Rosenblättern mit einem süßlichen Aroma. Viele weitere Desserts, wie zum Beispiel Feigen in Sirup oder der prächtige persische Obstsalat, sind im Handumdrehen fertig. Allen gemeinsam ist: Sie sind die wahren Verlockungen des Orients.

Am Ende dieses Kapitels finden Sie eine Anzahl verschiedener Getränke und Tees. Und schließlich erfahren Sie, wie man Kahwah – arabischen Kaffee – authentisch zubereitet. Wer mag, kann ihn noch mit Kardamom, Safran oder Rosenwasser aromatisieren. Nicht wenige Orientalen sprechen nach dem Kaffeegenuss Dank mit den Worten »Shukran Allah«, Danke, Allah.

< *Vegetabiler Fries am Anup Talao, dem »Becken ohnegleichen« in Fatehpur Sikri, Indien (1573).*

balurieh
weißes kunafeh

Als »Königin aller Kunafehs« – eine arabische Süßspeise aus nudelähnlichen, sehr dünnen frischen Teigfäden – wird die syrische Variante bezeichnet: Balurieh. Das liegt an ihrem herrlich milchweißen Aussehen, ihrer wunderbaren Festigkeit und der köstlichen Pistazienfüllung.
Die frischen Teigfäden erhalten Sie in türkischen Lebensmittelläden unter dem Namen »Kadayif« oder »Kadaif«. Sie sind hauchdünn und ähneln Glasnudeln.
Damit die Baluriehs so schön weiß bleiben, muss man den Backofen einen kleinen Spalt offen lassen. Die Stücke sind mehrere Tage haltbar. Reichen Sie Sahne dazu.

Für 20–30 Stücke
450 g Kadayif (frische Teigfäden)
150 g geklärte Süßrahmbutter
1 EL klarer Honig

Für die Füllung
175 g Pistazienkerne, grob gehackt
40 g sehr feiner Zucker
1/2 TL Zimt

Für den Sirup
450 g Zucker
450 ml Wasser
1 EL Zitronensaft

Zum Garnieren
2 EL Pistazien, sehr fein gehackt

Die geklärte Butter im Kühlschrank halbfest werden lassen. Herausnehmen und mit dem Honig schaumig schlagen. Die Mischung auf einem etwa 30x20 cm großen und mindestens 2,5 cm tiefen Backblech verteilen.

♦

Fortsetzung Seite 186

Die Teigfäden aus der Verpackung nehmen und auf einer sauberen Arbeitsfläche ausbreiten, in vier Stränge zerlegen und vorsichtig auflockern. Zwei der Nudelstränge vorsichtig auf dem Backblech auseinanderzupfen und ausbreiten, dabei darauf achten, dass die Nudeln nicht brechen.

♦

In einer Schüssel alle Zutaten für die Füllung mischen und gleichmäßig über den Teigfäden auf dem Blech verteilen. Die restlichen Teigfäden wie oben beschrieben auseinanderzupfen und auf der Füllung verteilen. Nun den Teig von oben recht fest anpressen. Im vorgeheizten Backofen bei 150 °C (Gas Stufe 2) etwa 20 Minuten backen, dabei die Backofentür einen Spalt offen lassen. Dadurch wird das Balurieh nicht braun, sondern behält seine schöne weiße Farbe.

♦

Inzwischen in einem Topf Zucker, Wasser und Zitronensaft zum Kochen bringen und 5 Minuten sprudelnd kochen, dann vom Herd nehmen.

♦

Das fertig gebackene Balurieh aus dem Ofen nehmen, an einer Ecke des Blechs ganz vorsichtig anheben und die Butter-Honig-Mischung in eine Schüssel abfließen lassen. Das Blech dann mit einem gleich großen anderen Blech abdecken und stürzen. Anschließend das Balurieh – nun mit der Unterseite oben – vorsichtig wieder in das erste Blech gleiten lassen, nochmals in den Ofen schieben und bei leicht geöffneter Tür weitere 20 Minuten backen.

♦

Aus dem Ofen nehmen und den Sirup gleichmäßig auf der Oberfläche verteilen. Damit das Balurieh schön kompakt wird, ein etwas kleineres, passendes Blech oder Tablett auf die Oberfläche der Süßspeise drücken und das Tablett mit Gewichten beschweren. So auskühlen lassen.

♦

Das ausgekühlte Gebäck in 5 cm große Quadrate schneiden und mit den Pistazien bestreut servieren.

revani
Grießkuchen mit Zimtsirup

Diese türkische Spezialität ist auf dem ganzen Balkan beliebt. Sie besteht im Wesentlichen aus Grieß, Eiern und Nüssen in Sirup. Man kann die blanchierten Mandeln durch die gleiche Menge Walnüsse, Pistazien oder Haselnüsse ersetzen, und es gibt noch viele weitere Variationen. Zum Beispiel erhält der Kuchen durch die Zugabe von Orangen- und Zitronenzesten eine fruchtige Note.
Revani schmeckt warm sehr gut, noch besser aber kalt mit einem Schlag Kaymak (eine Art dicker Rahm aus der Türkei), Schlagsahne oder Sauerrahm.

Für 25 Stücke
6 große Eier, getrennt
225 g Zucker
225 g Grieß
1 TL Backpulver
2 EL blanchierte Mandeln, fein gehackt
2 EL Weinbrand oder Cognac
1 Prise Salz

Für den Sirup
350 g Zucker
600 ml Wasser
1 Zimtstange, 7,5–10 cm lang

Die Eigelbe in einer großen Schüssel mit dem Zucker so lange schaumig schlagen, bis die Creme sich hell färbt. Grieß, Backpulver und Mandeln sorgfältig unterrühren. Zuletzt den Weinbrand untermischen.

♦

In einer zweiten Schüssel das Eiweiß steif schlagen. Das Salz zufügen und so lange weiterschlagen, bis der Eischnee Spitzen zieht. Den Eischnee vorsichtig unter die Grießmasse heben.

♦

Eine viereckige Kuchenform (ca. 25 x 25 x 5 cm) einfetten, den Teig hineinlöffeln und glatt streichen. Im vorgeheizten Backofen bei 180 °C (Gas Stufe 4) 30–40 Minuten goldbraun backen.

♦

In der Zwischenzeit für den Sirup das Wasser mit dem Zucker und der Zimtstange zum Kochen bringen. Die Hitze reduzieren und alles 15 Minuten köcheln lassen, dann vom Herd nehmen und beiseite stellen. Den fertigen Kuchen aus dem Ofen nehmen und mit dem Sirup begießen. Der Kuchen soll viel Sirup aufsaugen, aber nicht matschig werden. Abkühlen lassen und dann in den Kühlschrank stellen. Vor dem Servieren in 5 cm große Quadrate schneiden.

izmir kompostosu
feigen in sirup

Aus Izmir, der drittgrößten Stadt der Türkei, kommen herrliche Rezepte mit Trauben und Feigen. Izmir kompostosu gelingt mit getrockneten Feigen sehr gut und erfreut Herz und Gaumen zu jeder Jahreszeit.

150 g Zucker
Saft von 1 Zitrone
600 ml Wasser
450 g getrocknete Feigen

Zum Garnieren
75 g Haselnüsse oder Pistazien, fein gehackt

Zucker, Zitronensaft und Wasser in einem Topf aufkochen. Etwa 5 Minuten weiterkochen. Anschließend die Hitze reduzieren und die Feigen einlegen. So lange sanft weiterköcheln lassen, bis die Früchte sozusagen »aufploppen« und ihre ursprüngliche Form und Größe erlangen.

Mit einem Schaumlöffel herausheben und auf einer Servierplatte anrichten.
Mit den Nüssen garniert servieren.

Muhallabiye
Mandelpudding

Muhallabiye (arabisch für: »mit Milch«), der beliebteste Reispudding des gesamten Mittleren Ostens, erhält durch Orangenblüten- oder Rosenwasser ein ganz besonderes Aroma.

100 g gemahlener Reis | 2 gestrichene EL Weizenmehl
1,2 l Milch | 8 EL Zucker
2 EL Orangenblüten- oder Rosenwasser
1/4 TL Muskat
100 g Mandeln, fein gemahlen

Zum Garnieren
Kerne von 1 Granatapfel | 2 EL Pistazien, gehackt

Reis und Mehl in einer großen Schüssel mischen. Mit etwa 10 Esslöffel von der kalten Milch glatt rühren.

♦

Die restliche Milch in einem großen Topf zum Kochen bringen. Den Zucker unter Rühren darin auflösen. Die heiße Zuckermilch langsam mit dem Schneebesen unter die Reispaste schlagen. Die Mischung wieder in den Topf gießen und unter ständigem Rühren bei kleiner Hitze eindicken lassen.

♦

Orangenblüten- oder Rosenwasser und Muskat dazugeben und weitere 3–4 Minuten unter stetigem Rühren köcheln lassen. Vom Herd nehmen und die Mandeln einrühren. In eine Schüssel füllen und gut gekühlt servieren. Davor mit Granatapfelkernen und Pistazien verzieren.

variation
sakız muhallebisi

Eine türkische Variation dieses Puddings erhält durch Mastix, das Harz des Mastix-Strauchs, ein ganz wunderbares Nadelbaumaroma und passt gut in die Weihnachtszeit.

♦

Den Mandelpudding wie bei Muhallabiye beschrieben zum Kochen bringen, dann vom Herd nehmen. 100 g ungesalzene halbierte Pistazien, 1 Teelöffel Mastixpulver und die Mandeln unterrühren. Nach dem Abkühlen mit Pistazien und 1 Teelöffel gemahlenem Ingwer bestreuen.

♦

Statt Mandeln kann man auch Walnüsse, Haselnüsse oder Kokosraspeln verwenden – oder 2 Esslöffel Kaffee- oder Kakaopulver, was der Nachspeise Farbe und wieder ein neues Aroma gibt.

Qatayif
Pfannkuchen mit Rosenwassersirup

Traditionell bereiten viele Familien in arabischen Ländern diese Pfannkuchen mit Rosenwassersirup an Fest- und Feiertagen.

❧❦

Für 15–16 Stück
Für den Teig
1 TL Trockenhefe oder 7 g frische Hefe
1/2 TL Zucker
300 ml lauwarmes Wasser
100 g Mehl

Für den Sirup
225 g Zucker | 150 ml Wasser
1 EL Zitronensaft | 1 EL Rosenwasser

❧❦

Die Hefe mit dem Zucker in ein Schälchen krümeln, 3 Esslöffel von dem lauwarmen Wasser untermischen und die Hefe an einem warmen Ort gehen lassen, bis sie Blasen schlägt.

♦

Das Mehl in eine große Schüssel sieben und mit der Hefe vermischen. Nach und nach das Wasser zugeben und weiterkneten. Sobald der Teig flüssig wird, mit dem Rührlöffel so lange schlagen, bis er glatt ist. Mit einem sauberen Küchentuch bedeckt 1 Stunde an einen warmen Ort stellen.

♦

Für den Sirup Zucker, Wasser und Zitronensaft in einem Topf aufkochen, die Hitze reduzieren und den Sirup so lange sanft köcheln lassen, bis er einen Löffelrücken gut sichtbar überzieht. Jetzt vom Herd nehmen, das Rosenwasser unterrühren und beiseite stellen.

♦

Eine große Bratpfanne leicht einölen und stark erhitzen. Dann die Temperatur etwas reduzieren. 1 Esslöffel des Teigs gleichmäßig in der Pfanne verteilen und 1–2 Minuten backen, bis er Blasen schlägt und sich hellgolden färbt. Den Pfannkuchen wenden und auf der anderen Seite goldbraun backen. Auf diese Weise nach und nach alle Pfannkuchen backen und auf einem großen Teller aufeinandertürmen.

♦

Traditionell gießt man etwas Sirup auf jeden Pfannkuchen und bestreicht ihn dann mit Kaymak oder dickem Sauerrahm. Man kann die Pfannkuchen auch noch mit gehackten Pistazien oder Mandeln bestreuen. Eine andere Variante: Nur mit Sirup beträufeln oder mit Honig bestreichen und mit gehackten Nüssen bestreuen. Und noch eine: Mit Rahm bestreichen, mit etwas Zimt bestreuen und darauf 1 Esslöffel Maulbeersirup oder Bekmez (Traubensirup) träufeln.

khoshab
Kompott aus Trockenfrüchten

Khoshab (»Süßwasser«) nannten einst die Perser eine historische Region in Armenien, die man wegen ihrer Berge, ihrer beeindruckenden Festungen und gewundenen Bergflüsse rühmte.
Khoshab heißt auch ein Kompott aus Trockenfrüchten, das man seit Jahrhunderten dem Gast im Winter serviert, wenn es kein frisches Obst gibt. Im ganzen Mittleren Osten kennt man viele verschiedene Koshab-Variationen, besonders in der Türkei und im Iran. Das folgende Rezept stammt aus Armenien.

225 g getrocknete Aprikosen
225 g Backpflaumen
225 getrocknete Pfirsiche oder Birnen
100 g Sultaninen
75 g Honig
Schale von 1 Zitrone, in einem Stück spiralförmig abgeschält
1/2 TL Muskat
1 Stange Zimt, etwa 5 cm lang
2 EL Pinienkerne
2 EL Weinbrand oder Cognac

Alle hier genannten Trockenfrüchte und auch die Sultaninen jeweils separat über Nacht in kaltem Wasser einweichen.

♦

Die eingeweichten Trockenfrüchte in einem Sieb abtropfen lassen, das Einweichwasser dabei auffangen. Das Obst und 300 ml des Einweichwassers in einen Topf füllen und Honig, Zitronenschale, Muskat und Zimt zugeben. Zum Kochen bringen, dann die Hitze reduzieren. Etwa 20–30 Minuten sanft köcheln lassen, bis die Früchte zart und saftig sind. Vom Herd nehmen und die Zitronenschale entfernen.

♦

Die Pinienkerne locker unterrühren, das Kompott auf Zimmertemperatur abkühlen lassen und den Cognac einrühren. In eine tiefe Servierschüssel füllen oder auf einzelne Schälchen verteilen und zugedeckt in den Kühlschrank stellen. Gut gekühlt servieren.

zardalou toush porshodeh
Gefüllte Aprikosenbällchen

Ein Dessert aus Persien als ein Beispiel für die höchst verfeinerte Kochkunst einer der ältesten Kulturen der Welt, die bis heute überlebt hat: Aprikosenbällchen, mit Nüssen gefüllt – so einfach und so köstlich! Achten Sie beim Kauf der Trockenfrüchte darauf, dass sie dennoch zart und weich sind.

450 g getrocknete Aprikosen
3 EL Pistazien, gemahlen
4 EL Puderzucker
2 EL Orangenblütenwasser
1/2 TL Kardamom, gemahlen

Für die Füllung
2 EL Mandeln, gemahlen
2 EL Zucker
1/2 TL Zimt

Zum Garnieren
Puderzucker, gesiebt

Jede Aprikose mit einem leicht feuchten Tuch abreiben. Sehr fein hacken oder im Mixer zerkleinern. In eine große Schüssel geben, Pistazien, Puderzucker, Orangenblütenwasser und Kardamom zufügen. Alles mit nassen Händen kräftig durchkneten und zu einer weichen Paste verarbeiten. Daraus kleine, etwa murmelgroße Bällchen rollen und zwischendurch die Hände immer wieder in Wasser tauchen.

♦

Die Mandeln, Zucker und Zimt miteinander vermischen. Nach und nach alle Aprikosenbällchen mit ein wenig von der Mandelmischung füllen (die Bällchen öffnen, die Füllung hineindrücken und die Bällchen wieder schließen). Zuletzt alle Aprikosenbällchen im Puderzucker rundum wenden, sodass sie dick damit bestäubt sind.

♦

Einzeln in Wachspapier verpackt und dann in luftdichten Gefäßen verschlossen, halten die Aprikosenbällchen einige Wochen.

mischlachat ha negev
gefüllte Datteln

Hier die moderne Variation eines uralten Themas aus Israel. Man kann unbesorgt eine große Menge dieser Süßspeise auf Vorrat machen, denn in Wachspapier und dann in einem luftdichten Behältnis verpackt, ist sie lange haltbar.

4 Eier
5 EL Crème double
600 ml Milch
10 EL Zucker
grüne Lebensmittelfarbe
200 g Butter
150 g Mehl
40 frische Datteln, entsteint
150 g ganze Haselnusskerne
250 g geröstete Mandeln, gehackt
1 EL Vanilleextrakt
1 EL Mandelextrakt

Zum Garnieren
40 Mandeln oder Walnüsse, halbiert

Die Eier trennen und das Eiweiß für ein anderes Rezept verwenden. Die Eigelbe mit der Crème double in einer kleinen Schüssel vermischen.

Die Milch in einem Topf zum Kochen bringen, Zucker und 1–2 Tropfen Lebensmittelfarbe unterrühren, sodass die Milch sich zart hellgrün färbt. In einem anderen Topf die Butter zerlassen, das Mehl darin anschwitzen und nach und nach die Zuckermilch unterrühren. Unter weiterem Rühren leicht andicken lassen, dann die Eier-Sahne-Mischung unterschlagen. Vom Herd nehmen, abkühlen lassen und den Teig in den Kühlschrank stellen. Inzwischen jede Dattel mit drei Haselnüssen füllen.

Den kalten Teig auf einer Arbeitsfläche durchkneten. Mandeln, Vanille- und Mandelextrakt unterkneten. Den Teig flach drücken und daraus 40 etwa 5,5 x 0,6 cm große Streifen schneiden. Um jede Dattel einen Teigstreifen wickeln und jedes Stück mit einer Walnuss- oder Mandelhälfte verzieren. Als Dessert zu Kaffee oder Tee servieren.

dessert-e miveh
prächtiger obstsalat

In Teheran, woher dieses Rezept stammt, serviert man diesen prächtigen Obstsalat meist nur zu sehr festlichen Anlässen. Er ist köstlich, erfrischend und dazu äußerst dekorativ.

৪৩

1 große Honigmelone
8 Erdbeeren, halbiert
8 Schattenmorellen oder ähnliche Kirschen, entsteint
2 große reife Aprikosen, entsteint und in Scheiben geschnitten
Filets von 1 Mandarine
8 Trauben, halbiert und entkernt
6 EL Puderzucker
2 TL Orangenblütenwasser
300 g Schlagsahne oder Crème double

Zum Garnieren
Kerne von 1 kleinen Granatapfel
2 EL Pistazien, fein gehackt

৪৩

Die Melone halbieren, die Kerne herauskratzen und mit dem Melonenausstecher so viele Melonenbällchen wie möglich ausstechen. In eine große Glasschüssel geben und alle weiteren Früchte auf den Melonen verteilen.

♦

Die Hälfte des Puderzuckers und das Orangenblütenwasser dazugeben und locker untermischen, am besten nur durch Rütteln. 3–4 Stunden kühl stellen.

♦

Zum Servieren die Hälfte der Crème double oder Schlagsahne auf dem Obstsalat verteilen, die andere Hälfte in einem Schälchen separat reichen. Den Obstsalat mit Granatapfelkernen und Pistazien großzügig bestreuen.

Getränke

»Sus-Sus«, rief ein Straßenverkäufer, »Ayran-Ayran«, echote ein anderer und versuchte, den Lärm der Esels- und Pferdekarren und das laute Klagen der Männer, die oft als menschliche Zugtiere vor den Karren gespannt waren, zu übertönen. Solche Straßenverkäufer, stets große Glasflaschen an Gurten auf ihren Schultern balancierend, boten eine schöne Auswahl farbenfroher Getränke feil, Säfte aus Maulbeeren, Joghurt, Zitronen, Orangen, Rosenwasser, Tamarinde und vielem mehr, und Sus, einen bittersüßen Saft. Auch wenn die Modernisierung das Leben der Straßenverkäufer heute verändert hat – einige haben nun sogar Kiosks –, so bieten sie ihren durstigen Kunden immer noch Säfte, inzwischen ganz frisch gepresst und gut gekühlt, und ihr Repertoire hat sich noch vergrößert.

♦

Hier eine kleine Auswahl aus der stattlichen Palette nichtalkoholischer Getränke, die der Mittlere Osten zu bieten hat. Bei allen lohnt sich die Mühe, sie selbst zu bereiten – schon allein um wieder zu entdecken, um wie vieles köstlicher die Naturprodukte im Vergleich zu den künstlichen und industriell hergestellten schmecken.

nouri osharag
Granatapfelsirup

Ein angenehm herbes, erfrischendes Getränk in leuchtendem Rubinrot.

☙❧

15 große reife Granatäpfel, geschält
Saft von 1 großen Zitrone
1/2 TL Orangenblütenwasser
175 g Zucker

☙❧

Aus den Granatapfelkernen mit einer Fruchtpresse oder mit dem Entsafter so viel Saft wie eben möglich pressen. Den Saft durch ein feines Tuch in einen großen Krug abseihen. Zitronensaft, Orangenblütenwasser und Zucker zufügen und so lange umrühren, bis der Zucker sich vollständig gelöst hat. Den Saft gut gekühlt in hohen Gläsern mit zerstoßenen Eiswürfeln servieren. Sieht wundervoll aus!

tan
Ayran (Joghurt-Drink)

Joghurt, eine der wichtigsten Zutaten in der Küche des Mittleren Orients, ergibt auch ein herrlich erfrischendes Getränk: Es heißt Tan oder Ayran.

♦

Ob zu Hause oder in Restaurants, auf der Straße oder in Supermärkten, dieser weitaus populärste Joghurt-Drink wird überall angeboten.

Für 1 großes Glas

150 g Joghurt | 150 ml Wasser (oder Mineralwasser)
1/4 TL Salz | 1/4 TL getrocknete Minze | ein paar Eiswürfel

Den Joghurt in das Glas löffeln, das Wasser nach und nach und gründlich unterrühren. Salz und Minze untermischen, ein paar Eiswürfel dazugeben und sofort servieren.

salori-tan
Frucht-Joghurt-Drink

Salori-tan ist eine Ayran-Variante aus Armenien.

450 ml Pflaumen- oder Zwetschgensaft
450 g Joghurt
2 EL Zitronensaft
1/4 TL Zimt

Alle Zutaten in einem großen Krug gründlich miteinander vermischen. In Gläser füllen und mit Eiswürfeln servieren. Je nach Saison kann man auch andere frische Fruchtsäfte verwenden, z. B. Aprikosensaft, Erdbeersaft und viele andere.

schay-bi-nana
minztee

Pfefferminztee, sozusagen das Nationalgetränk Nordafrikas, ist auch im Mittleren Osten sehr beliebt.

3 TL grüner Tee
1 Handvoll frische ganze Minzeblätter oder 1 EL getrocknete Minze
Zucker nach Geschmack

Die Kanne mit heißem Wasser ausspülen, die Teeblätter hineingeben, nochmals etwas heißes Wasser dazugeben, die Kanne schwenken und das Wasser wieder abgießen (nicht die Teeblätter). Die Minze und etwas Zucker dazugeben, mit etwa 900 ml kochendem Wasser aufgießen und 5 Minuten ziehen lassen. Abschmecken, eventuell nachzuckern und servieren.

haygagan tey
zimt-nelken-tee

4 Tassen frisches kaltes Wasser
1 Zimtstange, 4 cm lang
2 ganze Nelken
1 EL Teeblätter (schwarzer Tee)
Zucker nach Geschmack

Wasser, Zimt und Nelken in einem kleinen Topf kalt aufsetzen und zum Kochen bringen. Die Hitze reduzieren und 5–7 Minuten köcheln lassen. Den Herd ausschalten und die Teeblätter unterrühren. 2–3 Minuten ziehen lassen und in Tassen gießen, den Zucker separat dazu reichen.

Minztee >

kahwah
Arabischer Kaffee

Kaffee zu kochen ist in arabischen Ländern eine fast rituelle Handlung. Traditionell braucht man dazu ein Kupfer- oder Messingkännchen mit langem Stiel (Jaswah oder Ibrik). Das Kaffeepulver – verlangen Sie »Türkischen Kaffee« – sollte sehr fein gemahlen sein.

Für 1 Tasse
1 TL Zucker | 1 Tasse Wasser | 1 TL Kaffeepulver

Zucker und Wasser unter Rühren zum Kochen bringen. Das Kaffeepulver zugeben und unter Rühren erneut aufkochen. Sobald der Kaffee schäumt, das Kännchen vom Herd nehmen und warten, bis sich der Schaum setzt. Erneut zum Kochen und Aufschäumen bringen und wieder vom Herd nehmen. Diesen Vorgang noch zweimal wiederholen.

♦

Den Kaffee in die Tasse gießen, nicht nachzuckern und nicht mehr umrühren. Den Kaffee in kleinen Schlucken so heiß wie möglich genießen (Schlürfen erlaubt). Je nach Region würzt man den Kaffee pro Tasse noch mit einem zerstoßenen Kardamomsamen (diesen mit aufkochen) und zwei Tropfen Rosen- oder Orangenblütenwasser.

kahwah-al-hilo
Kaffee nach Beduinen-Art

Sehr dick und bitter ist der Kaffee, wie ihn die Beduinen kochen. Nach dem Trinken stürzen sie den Kaffeesatz auf eine Untertasse und lassen jemand Befugten die Zukunft daraus lesen.

1 TL Kaffeepulver | 1 Tasse Wasser | 1/2 TL Safran | 1/2 Kardamomsamen, zerstoßen

Die Zutaten im Kännchen miteinander verrühren und zum Kochen bringen. Die Hitze stark reduzieren, den Kaffee 20 Minuten eindicken lassen. Zuletzt sehr wenig zuckern (wenn überhaupt). »Shukran Allah!«

Register

mezze

Artischocken, Eingelegte	29
Auberginen in Olivenöl	26
Auberginenpüree	19
Avocado mit Walnüssen	16
Bohnen, Äyptische braune	17
Bohnen, Grüne, in Joghurt-Tomaten-Sauce	22
Bulgur mit Lammhack und Pinienkernen	21
Bulgursalat	11
Datteln, Eingelegte	32
Dip mit Bockshornklee	33
Essig-Kirschen	30
Granatapfel-Walnuss-Dip	34
Hühnchensalat, Tscherkessischer	20
Kartoffel-Dip, Würziger	38
Kichererbsenbällchen	15
Kichererbsenpüree	14
Knoblauch-Sesam-Dip	36
Kohlsalat mit Sesam und Walnüssen	25
Kräuter, Eingelegte	28
Linsendip	37
Walnuss-Sesam-Bällchen	12
Würzdip mit Sesam und Nüssen	35
Zitronen in Olivenöl	26
Zucchini-Dip	39

suppen eintöpfe

Apfel-Kirsch-Suppe	55
Arche-Noah-Suppe	44
Auberginen-Linsen-Suppe	42
Hochzeitssuppe	49
Hühnersuppe mit Walnüssen und Damaszenerpflaumen	50
Joghurt-Spinat-Suppe	52
Kichererbsensuppe mit Tahina	46
Mandelsuppe »Stolz Anatoliens«	47
Rote-Bohnen-Spinat-Suppe	43
Tomaten-Orangen-Zitronen-Suppe	54
Zucchini-Milch-Suppe	48

salat

Brotsalat	63
Dattel-Walnuss-Salat	65
Essig-Öl-Dressing	58
Karottensalat mit Rosinen	68
Knoblauch-Joghurt-Dressing	59
Olivenöl-Zitronen-Dressing	58
Salat von weißen Bohnen	66
Salat, Gemischter, mit Tahiniyeh	60
Spinatsalat mit Pistazien	64

Gemüse

Auberginen, Gefüllte	76
Auberginen, Gefüllte, mit Datteln	80
Kartoffel-Plaki	82
Kartoffeln mit Spinatfüllung	81
Kohlblätter, Gefüllte, mit Reis und Pinienkernen	74
Linsen mit Spinat und Granatapfelsaft	78
Melone, Gefüllte, mit Hackfleisch	84
Weinblätter, Gefüllte, mit Reis und Mandeln	72
Weißkohl mit Milch und Eiern	85

Eierspeisen

Auberginen-Rührei	89
Blumenkohl-Omelett	94
Kartoffel-Eier-Auflauf	95
Kräuteromelett, Persisches	90
Omelett mit Feigen	88
Sabra-Eier	92

Fisch

Fisch, Gefüllter	108
Fisch-Gemüse-Platte	113
Fischtopf, Persischer	112
Forelle, Gefüllte, mit Kräutern	104
Garnelen, Gebratene, mit Safranreis	110
Heilbutt mit Schmorreis	101
Knoblauch-Walnuss-Sauce	100
Makrele mit Zwiebeln in würziger Tomatensauce	102
Sardellen mit Reis	106
Schwertfisch-Kebab mit Tarator	98
Wolfsbarsch mit Kartoffeln und Artischocken	105

Geflügel

Curryhuhn	126
Gans, Gefüllte, mit Matzen	124
Hähnchen, Gefülltes, mit Früchten	123
Huhn in Aprikosensauce	116
Huhn in Sahnesauce	118
Huhn mit Gemüse	119
Hühnchentopf mit Tangerinen	120

Fleisch

Fleischbällchen in Zitronensauce	144
Kartoffel-Kibbeh mit Lamm-Aprikosen-Füllung	136
Kibbeh, Gebratenes	131
Kibbeh, Gegrilltes	131
Kibbeh, Gefülltes, in Joghurtsauce	138
Kibbeh, Gefülltes, in Tomatensauce	139
Kibbeh, Gefülltes, vom Blech	135
Kibbeh, Grundrezept	130
Kibbeh-Füllung	134
Kibbeh-Röllchen, Gefüllte frittierte	132
Kibbeh-Spieße	134
Lammragout in Filoteig	140
Lammtopf mit Datteln	143
Moussaka auf arabische Art	145
Rind, Gebratenes, mit Croûtons und Joghurt	142

Reis Nudeln

Bulgur-Spinat-Pilaw	160
Butterreis, Persischer	149
Ingwer-Sesam-Pilaw	153
Kürbis-Pilaw süß-sauer mit Aprikosen	156
Lamm-Teigtaschen, Gefüllte	164
Nudeln, Frische	166
Nudeln mit Linsen	167
Pilaw	148
Pilaw mit Mandeln und Datteln	159
Pilaw, Süßes	157
Reis, Grundrezepte	148
Reis, Knuspriger	152
Reis-Teig-Pilaw mit Granatapfelkernen	162
Safranreis	150
Tomatenreis	154

Desserts Getränke

Aprikosenbällchen, Gefüllte	194
Ayran (Joghurtdrink)	201
Datteln, Gefüllte	195
Feigen in Sirup	189
Frucht-Joghurt-Drink	201
Granatapfelsirup	198
Grießkuchen mit Zimtsirup	187
Kaffee, Arabischer	204
Kaffee nach Beduinen-Art	204
Kompott aus Trockenfrüchten	192
Kunafeh, Weißes	184
Mandelpudding	190
Minztee	202
Obstsalat, Prächtiger	196
Pfannkuchen mit Rosenwassersirup	191
Zimt-Nelken-Tee	202

Brot

Brot, Arabisches, Pitabrot	170
Brot, Fettes	178
Brot mit Hulba	171
Fladen, Knusprige dünne	172
Glücksbrot	180
Olivenbrot	174
Sabbat-Mohnzopf	181
Thymianbrot	177